Franz und Brigitte Hingerl

Frisch vom Bauern auf den Tisch

BLV Essen & Genießen

Franz und Brigitte Hingerl

Frisch vom Bauern auf den Tisch

BLV

CIP-Titelaufnahme der Deutschen Bibliothek

Hingerl, Franz:
Frisch vom Bauern auf den Tisch /
Franz u. Brigitte Hingerl. –
München; Wien; Zürich: BLV, 1990
(BLV Essen und Genießen; 566)
ISBN 3-405-13890-6
NE: Hingerl, Brigitte:; GT

BLV Verlagsgesellschaft mbH
München Wien Zürich
8000 München 40

BLV Essen & Genießen 566

Gesamtherstellung: Ludwig Auer GmbH, Donauwörth

Printed in Germany · ISBN 3-405-13890-6

Bildquellen

Dr. Wolfgert Alsing, Freising, Seite 69 (unten)
agrarpress, Dr. Wolfgang Schiffer, Bergisch-Gladbach, Seiten 11, 69 (oben), 87
CMA, Bonn-Bad Godesberg, Seiten 17, 18
Jens Funke, München, Seite 70
Helmut Schwipp, München, Seiten 35, 36, 88

Zeichnungen: Waltraud Berger, Seiten 19, 25, 26 (2), 28, 65, 68
Peter Gericke, Seiten 15, 20, 21, 23

Titelfoto: Stefan Steib, München

Verwendete Abkürzungen bei den Rezepten

TL	Teelöffel
EL	Eßlöffel
g	Gramm
kg	Kilogramm
ml	Milliliter
l	Liter

Inhalt

Zu diesem Buch

Als Verbraucher stellen Sie sich oft die Frage: Wie und wo kann ich preisgünstige, qualitativ sehr gute, schmackhafte, frische und vor allem gesunde Lebensmittel kaufen? Dieses Buch wird Ihnen diese Frage zu beantworten helfen. Als Bauer und Erzeuger vieler Lebensmittel will ich für Sie eine Brücke schlagen, die Ihnen große Vorteile in der Versorgung mit gesunden und hochwertigen Lebensmitteln schaffen kann. In diesem Buch möchte ich Ihnen Wege zu einer optimalen Versorgung mit Lebensmitteln aufzeigen, ich will Ihnen parallel dazu zum besseren Verständnis zahlreicher Diskussionen und Auseinandersetzungen die heutige Situation der Landwirtschaft darstellen. Mit Ihrem Einkauf beim Bauern können Sie nämlich auch dazu beitragen, daß der Bauer nicht unbedingt Masse, sondern Klasse produziert, die Ihnen als Verbraucher direkt zugute kommt.

Die Rezepte dieses Buches stammen aus der Küche meiner Frau, die ländliche Hauswirtschaftsmeisterin ist. Sie hat sie im Laufe der letzten 20 Jahre gesammelt oder von der älteren Generation übernommen. Die Zutaten hat sie auf die heutigen Bedürfnisse, insbesondere auf den geringeren Fettbedarf abgestimmt. Diese Rezepte wurden oft und mit Erfolg zubereitet, sie fanden insbesondere bei unseren Urlaubsgästen aus dem ganzen deutschsprachigen Raum großen Anklang. Wenn Sie noch keinen Kontakt zu einem direktvermarktenden Bauern haben, bekommen Sie vom Bauernverband oder der Verbraucherberatung Ihres Bundeslandes (siehe Seite 101) mit Sicherheit ein Verzeichnis dieser Höfe. Bestimmt ist auch in Ihrer Nähe eine solche Einkaufsquelle, die den Kauf zum Erlebnis auf einem Bauernhof werden läßt. Der Weg lohnt sich für Sie!

Brigitte Hingerl
Franz Hingerl

Der Direkteinkauf beim Bauern

Perspektiven des Verbrauchers

Der Direkteinkauf landwirtschaftlicher Produkte war vor 30 bis 50 Jahren eine weitverbreitete Möglichkeit, sich mit frischen Lebensmitteln zu versorgen. Der Kontakt zum Land war durch Verwandtschaft und Bekanntschaft viel intensiver als heute. Die Lebensmittelangebote in der Stadt konnten an Frische und Qualität oft nicht mithalten, und die Angebotsbreite war durch fehlende Kühl- und Konservierungsmöglichkeiten bei weitem nicht so groß wie heute.
Was könnte den Verbraucher beim heute mannigfaltigsten Angebot der Lebensmittelindustrie dennoch veranlassen, einen Teil seines Verbrauchs (Bedarfs) direkt beim Bauern einzukaufen? Dafür gibt es nicht nur viele Gründe, sondern vor allem große Vorteile. Zunächst aber soll aufgezeigt werden, wo Sie als Verbraucher solche direkten Einkäufe tätigen können:

- ▷ Ein möglicher und der verbreitetste Weg ist der Einkauf direkt auf dem Hof eines Bauern Ihrer Wahl. Sie fahren also zum Einkaufen auf einen Bauernhof, sehen und erleben dort, was es heißt, Bauer zu sein: täglich sein Vieh zu versorgen und den Launen der Witterung ausgesetzt zu sein; aber auch ein unabhängiger, freier Mensch zu sein und große Verantwortung für die Ernährung der Bevölkerung zu haben.
- ▷ Eine zweite Möglichkeit, direkt beim Bauern einzukaufen, ist ein Bauernmarkt in der Stadt. In vielen Städten entstehen zur Zeit solche Märkte und werden laut Umfrage stark besucht, und es wird auch viel gekauft.
- ▷ Darüber hinaus fahren viele Bauern mit ihrem Verkaufswagen durch Wohnsiedlungen der Städte und bieten hauptsächlich Eier, Kartoffeln und Gemüse »auf Rädern« frisch an.

Vorteile

Ihr persönlicher Vorteil im Direkteinkauf beim Bauern liegt in der Frische der Ware und einer Qualität, wie Sie sie sich für Ihre persönliche Ernährung vorstellen. Sie kennen »Ihren Bauern«, sehen, wie er sein Vieh hält und füttert, und wissen, wie er seine Äcker bebaut, seine Pflanzen düngt und schützt. Sie können portionsgerecht und auf Vorrat einkaufen – zerlegte Schweinehälften und Rinderviertel, Kalb- und Lammfleisch, Gänse, Enten und Truthähne, Würste, Eier, Frischmilch und Bauernbutter, für die Vollwertküche frisches Getreide, Gemüse und Obst.

Aber es gibt noch einen weiteren Vorteil: Für Sie als Verbraucher ist das Einkaufen oft begleitet von Hektik und Zeitknappheit, Arbeitszeit und Ladenschlußzeiten überschneiden sich oft, Parkplätze sind meist weit von den Geschäften entfernt, Tüten und Kartons müssen unnötig umhergeschleppt werden. Die Fahrt zum Bauernhof hat dagegen einen Freizeitwert für groß und klein. Ob bei der Selbsternte von Erdbeeren oder beim Eiersuchen auf dem Hühnerhof, Sie sind in der freien Natur und erleben die Erzeugung Ihrer Nahrungsmittel hautnah. Großstadtkinder bekommen wieder Kontakt mit Tieren, können vielleicht die Geburt von Tieren miterleben oder auf Ponys reiten oder auf einem eigens eingerichteten Spielplatz tummeln. Viele Bauern bieten solchen Freizeitspaß kostenlos mit an. Die Verbindung zur und das Verständnis von Natur und Landwirtschaft kann sich jeder Kunde selbst bilden.

Die Einkaufsfahrt zum Bauern wird von Ihnen zeitlich geplant, es entsteht kein Streß, es gibt keine langen Warteschlangen. Sie empfinden das Einkaufen auf dem Bauernhof nicht als lästige Pflicht, Ihre Familie mit Lebensmitteln zu versorgen, sondern packen Ehegatten und Kinder mit ins Auto und betrachten die Fahrt zu »Ihrem Bauern« einfach als einen Ausflug aufs Land und in die gesunde Natur.

Qualität und Preise

Menge

Als Verbraucher sind Sie es heute gewohnt, speziell für Ihren Familienbedarf portionierte Mengen und Qualitäten an Lebensmitteln zu kaufen. Die verarbeitende Lebensmittelindustrie bietet Ihnen nach Menge, Art und Qualität genau sortierte Ware an, so daß es eines gewissen Umdenkens bedarf, größere Portionen oder ungewollte Teilstücke, zum Beispiel Innereien oder Haxen, beim Bauern zu kaufen. Sicher bietet heute der einzelne Bauer auch bedarfsgerechte Mengen für 2-Personen-Haushalte an, wenn er seinen Kundenstamm vergrößern will, denn nicht jede Familie ist bereit, ein Rinderviertel oder ein ganzes Reh einzukaufen.

Frische

Die Frische des bäuerlichen Angebotes ist – im Interesse beider Seiten – gewährleistet, weil der Umweg über den Zwischenhandel entfällt. Der Weg vom Erzeuger zum Verbraucher ist durch den Ausschluß von Handels-

und Verarbeitungsketten der kürzeste, so daß Sie den um 8 Uhr geschnittenen Salat bereits mittags auf dem Tisch haben können. Beim Fleisch kommt kein mehrmaliges Einfrieren und Auftauen vor, so daß Frische und Qualität darunter nicht leiden. Der Bauer ist für die Qualität seiner Produkte damit auch direkt verantwortlich, und der Verbraucher kann »seinen Bauern« direkt in die Verantwortung ziehen. Er wird auch aus diesem Grund sorgsam darauf achten, qualitativ und gesundheitlich beste Ware anzubieten.

Preis

Außer der Qualität und Frische ist natürlich der Preis ein mitentscheidender Grund für den Verbraucher, direkt auf dem Bauernhof seinen Bedarf an Lebensmitteln zu decken. Selbstverständlich sieht der Verbraucher heute den Preis einer Ware nicht als alleinige Größe, sondern er setzt ihn in Beziehung zu Qualitätskriterien wie Frische, Erhaltung der Gesundheit und einzukaufender Menge. Der Verbraucher bringt Verständnis dafür mit, daß durch hochwertige und langsamere Fütterung und Haltung von Tieren oder sparsameren Umgang von Düngemitteln oder gar Verzicht auf Pflanzenschutz höhere Erzeugungskosten und damit höhere Preise entstehen. Die Weiterverarbeitung von Fleisch zu Fleischteilen und Wurst oder von Milch zu Butter unterliegt ebenso wie beim Metzger oder der Molkerei strengen staatlichen Auflagen und erfordert hohe Investitionen. Der Verbraucher akzeptiert heute für frische und weitgehend unbelastete Qualität Preise auf dem Bauernhof, die sich auch oberhalb der Preise der Handelsketten ansiedeln können, besonders beim Kauf von alternativ erzeugten Produkten. Er kauft nur dort ein, wo Preis und Qualität im Einklang stehen, wo die Ware den verlangten Preis wert ist.

Lohnender Vorratskauf

Wenn Sie zehn oder zwanzig Kilometer zu Ihrem Bauern fahren, wollen Sie sicher nicht nur für fünf Mark Frischwurst oder einen Laib Brot kaufen, denn der Zeit- und Geldaufwand soll sich für Sie lohnen. Sie denken vielmehr an einen größeren Vorrat an Fleisch, Dauerwurst, Geflügel, Marmelade, Obst, Gemüse und Getreide. Früher war die Vorratshaltung hauptsächlich als Nahrungssicherung für das ganze Jahr gedacht. Heute gewinnt sie unter anderen Aspekten wieder an Bedeutung. Das tägliche Einkaufen erfordert für die berufstätige Frau Zeit, die sie im notwendigen Ausmaß gar nicht mehr hat. Da bleibt oft nur die Nutzung der industriellen Kühlkette. Die berufstätige Frau kann sich kaum die Zeit nehmen, aus der Werbung günstige Sonderangebote zu suchen und auszunutzen. Der Einkauf auf dem Bauernhof als Vorratskauf kann zeitlich geplant werden und ist preislich auf alle Fälle günstiger. Größere Mengen Fleisch oder Gemüse kaufen Sie immer billiger und frischer. Die Vorratshaltung ist für viele Lebensmittel durch die Tiefkühltechnik, die heute in den meisten Haushalten gegeben ist, um vieles einfacher geworden. Obst und Gemüse werden während der Erntezeit reichlich angeboten und sind besonders preiswert. Gefroren, konserviert oder entsaftet können sie gut bevorratet werden. Getreide ist bei einem Feuchtegehalt von 15 Prozent Wasser ohne besondere Behandlung sehr lange lagerfähig.

Die Nachfrage nach Bioprodukten

Bioprodukte sind gefragt. Kein Wunder, das Wort »Bio« suggeriert dem Verbraucher Natur, Ursprüngliches, Gesundheit. Doch Vorsicht, nicht alle Nahrungsmittel, die mit dem Etikett »Bio« verkauft werden, sind »biologisch« erzeugt. Etikettenschwindel ist an der Tagesordnung, denn das Wörtchen »Bio« darf jeder verwenden. Die echten, kontrollierten »Bio«-Betriebe, zum Beispiel Betriebe, die biologisch dynamisch oder biologisch organisch wirtschaften, verkaufen unter einem bestimmten Zeichen ihre Ware. Ca. 2500 gibt es 1989 in der BRD.
Hinter dieser »ausgezeichneten« Ware steht ein Landwirt, der noch wirtschaftet wie seine Vorfahren. Zwar setzt er auch moderne Technik ein, die ihm seine Arbeit erleichtert. Die Aufeinanderfolge von Früchten aber ist noch vielgestaltig. So werden neben den üblichen Getreidearten sehr viel stickstoffsammelnde Früchte wie Klee, Bohnen, Erbsen usw. angebaut, die für genügend Bodenstickstoff sorgen und den Einsatz von stickstoffhaltigen Mineraldüngern überflüssig machen. Auch werden keine chemischen Spritzmittel eingesetzt. Das Unkraut wird mechanisch von Hand oder mit der Maschinenhacke bekämpft. Natürlich braucht ein Landwirt, der so wirtschaftet, viel Vieh, damit er genügend Mist zum Düngen produziert und das gesamte Ackerfutter verwertet. Betriebe, die so wirtschaften, haben einen hohen Arbeitsaufwand bei niedrigeren Ernteerträgen. Es gehört schon eine gehörige Portion Idealismus dazu, mit 70 oder 80 Arbeitsstunden pro Woche ein außerhalb der Landwirtschaft vergleichbares Einkommen zu erwirtschaften.
Der Verbraucher erhält von anerkannten und kontrollierten »Bio«-Betrieben Nahrungsmittel, von denen er genau weiß, wie sie erzeugt sind. Auch darf er sicher sein, daß solche Landwirte entsprechend den vorgegebenen Richtlinien wirtschaften. Allerdings ist die Belastung dieser alternativ erzeugten Lebensmittel durch Umwelteinflüsse (saurer Regen, Schwermetalle usw.) genauso groß wie bei konventionell erzeugten.
In unserer heutigen Zeit können allerdings nicht alle Nahrungsmittel alternativ und »biologisch« erzeugt werden. Ein Zurück zu Zeiten, in denen ein Bauer 7 Verbraucher ernährt hat, gibt es nicht mehr; heute muß ein Bauer 67 Verbraucher ernähren. Auf alternative Weise wird dies kaum möglich sein.

Einkaufen auf dem Bauernhof kann auch ein Familienspaß sein, denn viele Bauernhöfe bieten Ponyreiten für Kinder an oder ermöglichen es den Städtern, Kontakt zum Vieh zu bekommen.

Für diese arbeitsintensive Wirtschaftsweise stehen nicht genügend Arbeitskräfte zur Verfügung, die sich mit einem niedrigen Lohn zufrieden geben. Aber auch viele Verbraucher wollen noch nicht das Geld für die teureren, alternativ erzeugten Nahrungsmittel ausgeben.

Agrarpolitische Gedanken

Wußten Sie, daß bei der Gründung der Europäischen Gemeinschaft (EG) Ende der fünfziger Jahre Mangel an Nahrungsmitteln in Europa herrschte? – Heute, Ende der achtziger Jahre, kämpft die EG mit Überschüssen. Wußten Sie, daß damals große Mengen Fleisch und Getreide in die EG eingeführt wurden? – Heute, Ende der achtziger Jahre, exportiert und verschleudert die EG große Mengen landwirtschaftlicher Güter an alle Welt.
Sie als Verbraucher erhalten fast überall in Europa in der Menge ausreichende, preiswerte und qualitativ gute Nahrungsmittel. Doch wo bleibt der deutsche Landwirt? Während die EG Milliarden in den Abbau von Überschüssen steckt, stagnieren oder fallen die Preise auf den landwirtschaftlichen Märkten. Viele Bauern stehen kurz vor dem Ruin. Agrarfabriken übernehmen die Produktion. Auf riesigen Flächen und in fabrikhallenähnlichen Gebäuden erzeugen sie mit billigen Lohnarbeitskräften und hohem Aufwand an Chemie Nahrungsmittel, die sie billig, oft unter den Erzeugungskosten auf den Markt werfen. Hinter diesen Agrarfabriken stehen kapitalkräftige Gesellschaften oder Einzelunternehmer, deren Zielsetzung ausschließlich auf Gewinne ausgerichtet ist. Die Landschaft, das Dorf, der persönliche Kontakt von Mensch zu Mensch – vom Bauern zum Verbraucher – treten in den Hintergrund. Solche Verhältnisse zu verändern, Bauern vor dem Ruin zu bewahren und ihnen ein vergleichbares Einkommen zum Industriearbeiter zu ermöglichen, dazu können Sie beitragen, wenn Sie Ihre Nahrungsmittel direkt aus bäuerlicher Hand kaufen. Es gibt sie schon recht zahlreich, die Direktvermarkter.
Lassen Sie sich nicht einreden, unser Land könne Nahrungsmittel zu niedrigeren Weltmarktpreisen aus den Handelsüberschüssen unserer Industrie einkaufen. Ein solches Vorgehen hätte fatale Folgen für die Landwirtschaft der Entwicklungsländer, aber auch Folgen für Ihre Gesundheit. In vielen entwickelten Ländern außerhalb der EG ist der Hormoneinsatz noch erlaubt. Und was nicht kontrollierte Hormone im Körper des Menschen anstellen, kann Ihnen ein Arzt besser sagen als ich.

Nahrungsmittel vom Tier direkt vom Bauern

Verbraucherwünsche – Konsequenzen für den Erzeuger

Die Verbraucherwünsche und deren Erfüllung sind für den Erzeuger das wichtigste Kriterium, um seine Produkte angemessen verkaufen zu können.
Von den langen Verarbeitungs- und Vermarktungsketten werden an den Bauern oft Anforderungen gestellt, die sich auf die Fleischqualität negativ auswirken, so daß der Verbraucher entsprechende Produkte ablehnt. Der direktvermarktende Bauer ist damit nicht konfrontiert. Er stellt sich direkt und ausschließlich auf die Verbraucherwünsche ein und kann damit seine Produkte verbrauchergerecht anbieten und verkaufen.

Sicherlich haben Sie sich auch schon gefragt: Sind die Nahrungsmittel, die ich aus den vollen Regalen der Supermärkte kaufe, noch gesund? Sind sie mit chemischen Zusätzen versetzt, die Wirkungen besitzen, von denen man heute noch nichts weiß?
Chemische Zusätze und optische Schönungsmittel sind notwendig, um Nahrungsmittel haltbar zu machen, damit sie den langen Vertriebsweg unbeschadet überstehen, aber auch um *Sie* zum Kauf zu locken. Das jedenfalls verfolgen die Interessengruppen, die mit Nahrungsmitteln ausschließlich wirtschaftliche Ziele verfolgen.
Warum aber sollen Fleisch und Wurst mit viel Chemie haltbar gemacht und durch die Lande gefahren werden, um dann in die Regale der Supermärkte zu gelangen? Sie als Verbraucher kaufen meist freitags und samstags ein: mit Ihrem Auto im Stau steckend, abgehetzt und voller Ungeduld erreichen Sie den Markt. Sie drängen sich durch die Menschenmassen, nehmen Fleisch und Wurst – in Plastik verpackt – aus dem Regal, stehen Schlange an der Kasse, um dann nach vier Stun-

den, vielleicht noch mit quängelnden Kindern, geschafft zu Hause anzukommen.
Wieviel schöner ist es so: frühzeitig aufstehen – oder auch später, gemütlich mit der Familie frühstücken, den Kindern schon von den Tieren auf dem Bauernhof erzählen, auf der Landstraße zu »Ihrem Bauern« fahren und dort die Kinder ohne Gefahr spielen lassen, mit dem Bauern beim Einkauf beraten und probieren, einkaufen und in aller Ruhe wieder nach Hause fahren. Ein solcher Tag ist ein Erlebnis für die ganze Familie. Sie werden noch Menschen treffen, die ursprünglich sind und den Umgang mit der Natur nicht verlernt haben. Und vor allem: Beim direktvermarktenden Bauern erhalten Sie Fleisch und Wurst ohne Chemie.

Schweinehaltung

Schweinefleisch macht heute ca. 60% des Gesamtfleischverbrauchs aus und verdient deshalb besondere Beachtung. Trotz einer Verschiebung innerhalb des Fleischverbrauchs zugunsten magererer Sorten bleibt es das Fleisch Nr. 1 in der deutschen Küche, weil aus dem Schwein eben die vielseitigsten Gerichte zubereitet werden können.
Die Fütterung ist heute vollkommen anders als in früheren Zeiten. Kartoffeln lassen das Schwein fett werden, was die Verbraucher nicht mehr wollen. Ein fleischreiches Schwein erzeugt der Bauer nur mit einer genügenden Eiweißversorgung. Möglichst wenige oder gar keine Medikamente und Antibiotika sind auch das Ziel des Bauern, aber wenn ein Tier erkrankt, muß es behandelt werden. Hormone werden in der Schweinefütterung grundsätzlich nicht eingesetzt. Direktvermarkter werden in der Regel keine erlaubten Antibiotika füttern, weil ihre Kunden es so wünschen, dies aber auch finanziell honorieren. Aber beim Verkauf an den Metzger oder Schlachthof zählen nur das Gewicht und die Fleischfülle. Somit ist der Bauer gezwungen, aus Wettbewerbsgründen alle Produktionsreserven auszuschöpfen.

Schweinerassen und Fleischqualität

Schweine mit großem Schinkenanteil *(Pietrain)* sind im Handel gefragt und damit lukrativ für den Bauern. Diese Schweine sind streßempfindlich, ihr Fleisch ist grobfaserig und trocken. Der Kunde ist meistens mit seinem Braten nicht zufrieden, er quillt nicht auf, sondern läuft ein.
Schweine der *Deutschen Edelschweinrasse* oder speziell auf Fleischqualität gezüchtete Hybridrassen bringen dagegen saftiges, zartes Fleisch. Da aber der Bauer vom Schlachthof weniger Geld für diese Schweine bekommt (weil der Schinkenanteil kleiner ist), können sich diese Rassen vor allem beim Direktvermarkter durchsetzen. Diese Tiere sind beim Schlachten wesentlich streßunempfindlicher und reagieren mit geringerer Fleischqualitätsminderung. Das Safthaltevermögen bleibt erhalten bzw. verbessert sich, weil durch den geringen Streß der Wasser-

austritt aus der Zelle gebremst wird, denn der pH-Wert des Fleisches fällt nach der Schlachtung mit abnehmender körperlicher Belastung des Schweines vor dem Schlachten erheblich langsamer. Ihr Schweinebraten wird saftiger.
Sie bekommen also beim Bauern nicht nur gesünderes Fleisch, weil er sicher auf Wachstumsförderer verzichtet, sondern auch endlich wieder Fleisch, das durch seinen natürlichen Saft- und Fettanteil besonders schmackhaft ist. Umfangreiche Versuche an Fleischforschungsinstituten haben bewiesen, daß nicht die Fütterung, sondern die Rasse und die Behandlung der Schweine vor dem Schlachten den entscheidendsten Einfluß auf die geschmackliche Qualität haben.

Zusatzstoffe

Es gibt Direktvermarkter, die auch Wurst und Schinken anbieten. Sie werden als Alternative zum Metzger auf manche Zusatzstoffe wie Phosphate als Bindemittel, Pökelsalz als Rötemittel und Emulgatoren verzichten, um auf die Verbraucherwünsche nach natürlicher Wurst einzugehen. Da der kurze Weg vom Erzeuger zum Verbraucher weniger Konservierungsmittel erfordert als der Weg von der Wurstfabrik über den Supermarkt, ist die Erfüllung dieser Verbraucherwünsche auch möglich.

Lage und Bezeichnung der Teilstücke beim Schwein

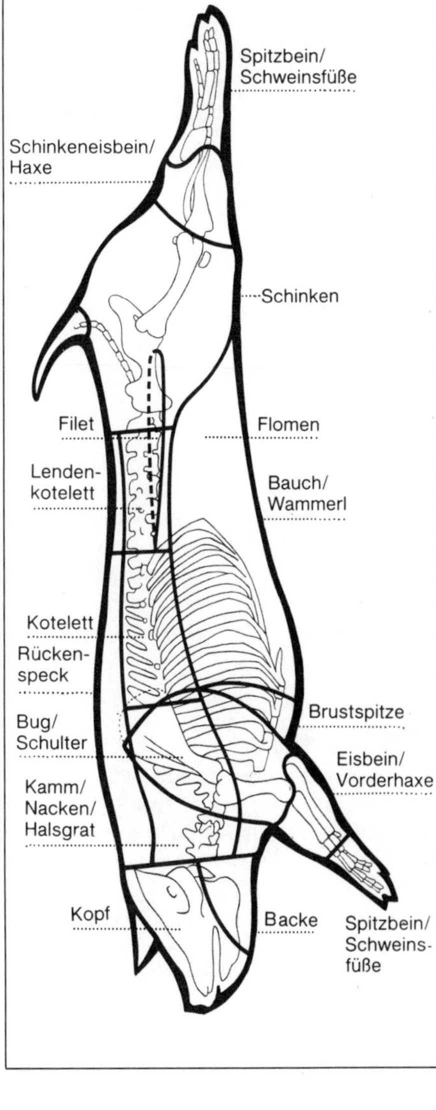

Zubereitungsarten für Schweinefleisch

Grillen und Kurzbraten	Braten	Schmoren	Kochen
Filet (Lende) Kotelett (Rücken) Nacken (Kamm) Schnitzel (Oberschale, Unterschale)	Oberschale Unterschale Kamm Filet (Lende) Kotelett	Bug (Schulter) Bauch Haxe (Eisbein) Brustspitze (Dicke Rippe)	Nacken Bauch Eisbein (Haxe)

Rinder- und Kälberhaltung

Der Rindfleischverbrauch liegt mit ca. 22 kg pro Person und Jahr bei etwa 25% des gesamten Fleischverbrauches. Rindfleisch liegt deshalb weit unter dem Verbrauch von Schweinefleisch, weil es einerseits teurer ist und andererseits die Verwendungs- und Verarbeitungsmöglichkeiten, besonders in der Wurst, nicht so vielfältig sind wie bei Schweinefleisch.

Rinderrassen und Fleischqualität

Beim Rind unterscheidet man nicht nur unter vielen Rassen mit speziellen Eigenschaften; auch innerhalb einer Rasse bestimmen Lebensalter, Geschlecht, Nutzung, Ausmästungsgrad und Gewicht die Fleischqualität. Bei den weiblichen Tieren gibt es Färsen (ein weibliches Rind, das noch nicht trächtig war) und Kühe, bei den männlichen Tieren Bullen und Ochsen (kastriertes männliches Tier).

Die hauptsächlichen Rinderrassen in Deutschland sind in Süddeutschland das *Höhenfleckvieh* (Zwei-Nutzungsrasse, Fleisch und Milch) und das *Gelbvieh* (Zwei-Nutzungsrind), in Norddeutschland das *schwarzbunte* und *rotbunte Niederungsvieh* (Milch und Fleisch). Dazu werden in einzelnen Betrieben in bezug auf Fleischqualität hochwertige Rassen wie *Angus, Galloway* oder *Hochlandrinder* gezüchtet. Diese werden fast nur auf der Weide gehalten, das Kalb bekommt die Milch der Kuh und wird sehr robust aufgezogen. Das Fleisch schmeckt hervorragend, ist feinfaserig und hat einen leichten Wildgeschmack.
Bei der Fütterung des Rindes entscheidet man grundsätzlich zwischen Milchvieh- und Mastviehfütterung.
Die Futtergrundlage ist fast ausnahmslos hofeigenes Grundfutter wie Gras, Klee, Heu, Rüben, Grassilage und Maissilage (für einzelne Käseprodukte werden größere Einschränkungen, besonders bei Silage, verlangt; für Emmentaler ist zum Beispiel eine reine Heufütterung vorgeschrieben).

Lamm — Schwein

Keule

Oberschale

Unterschale

Rücken

Nuß

Filet

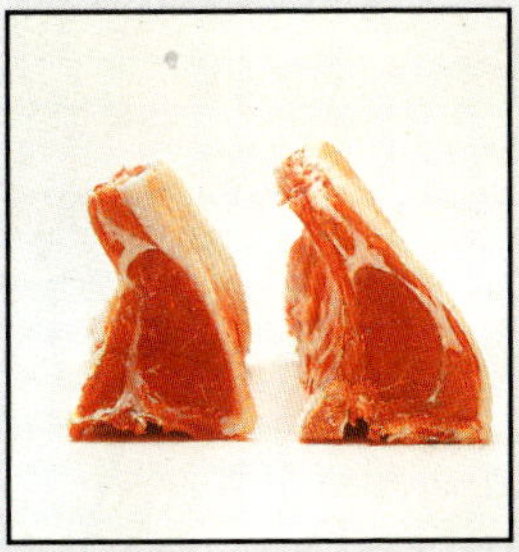
Kotelett

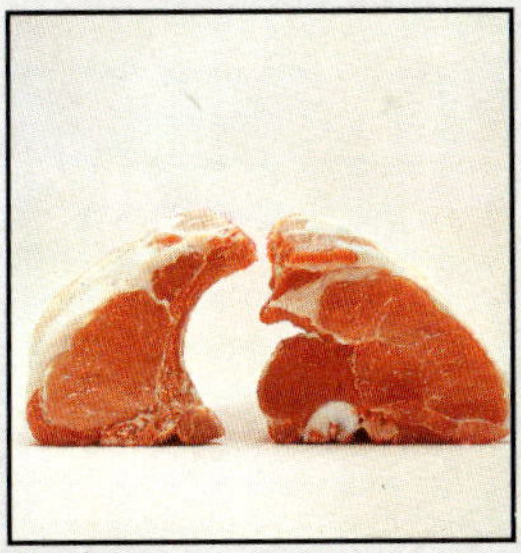
Kotelett

Vorder- + Schinkeneisbein

Brust

Hüfte (Schinkenspeck)

Nacken

Kalb Rind

Nuß

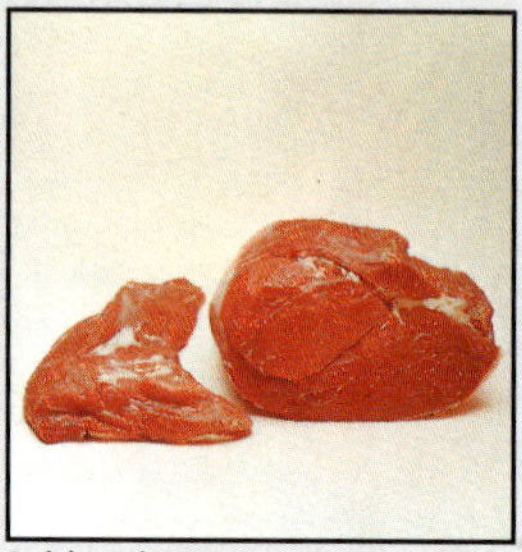
Schlegel, Bürgermeisterstück

Hüfte + Hüftdeckel

Oberschale

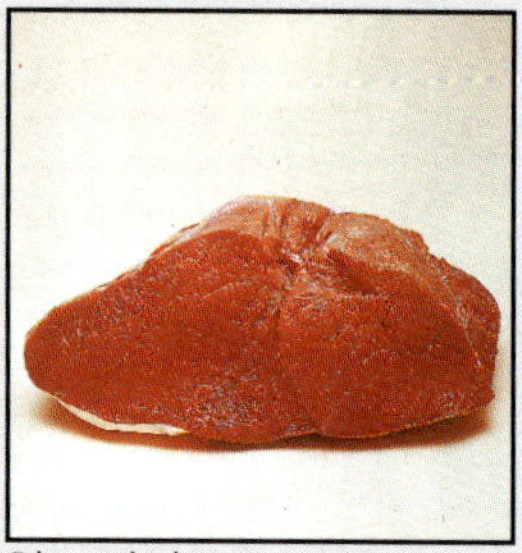
Oberschale

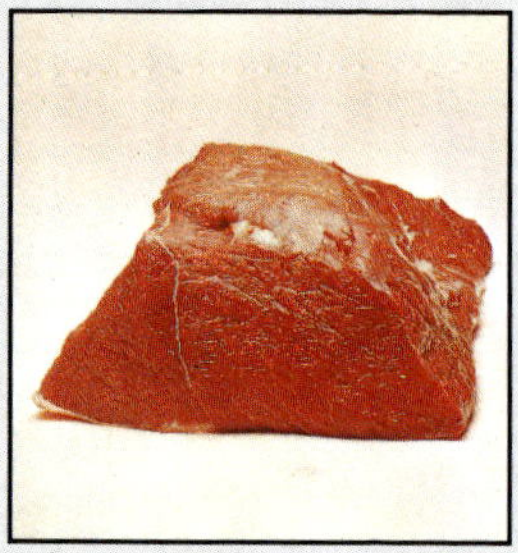
Schwanzstück

Vorder- + Hinterhaxe

Falsches Filet

Filet (Lende)

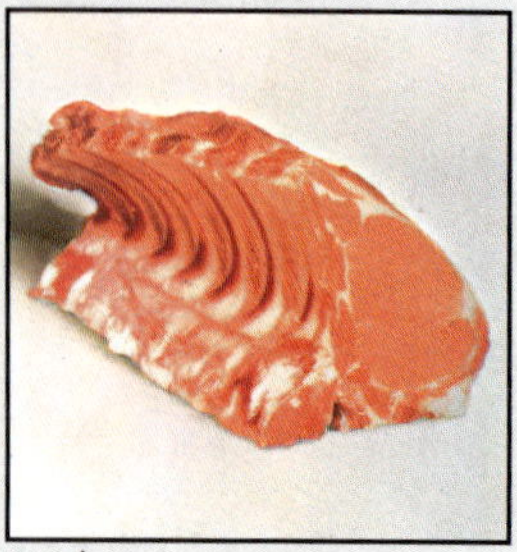
Kotelett

Quer- + Flachrippe

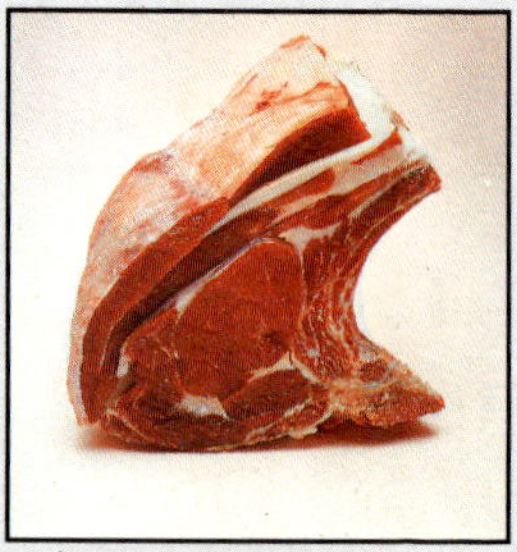
Hohe Rippe

Dieses Grundfutter kann bei bester Qualität etwa 60 bis 70% des Bedarfs an Nährstoffen decken, der Rest wird mit hofeigenem Getreide und zugekauftem Eiweißfutter ergänzt.
Bei der Kälberfütterung bzw. beim Kalbfleisch unterscheidet man zwischen Milch- und Mastkalb. Das Milchkalb wird ausschließlich mit natürlicher, hofeigener Milch gefüttert, während das Mastkalb mit sogenannten Milchaustauschern oder Milcherstatz gemästet wird. Welches das bessere und unbedenklichere Fleisch ergibt, das mag der Verbraucher entscheiden.

Zubereitungsarten für Rind- und Kalbfleisch

Fleischarten	Grillen und Kurzbraten	Braten	Schmoren	Kochen
Rindfleisch	Roastbeef Filet (Lende) Oberschale Kugel Blume	Roastbeef Filet Oberschale (innere Rose) Schwanzstück Kugel (Sternrose) Blume (Hüfte, Rosenspitz)	Zungenstück (Kamm, Fehlrippe) Brust Spannrippe Schaufelstück (Bug) Dünnung (Lappen) Hinterhesse (Waden)	Schwanz Dicker Bug Spannrippe (Zwerchrippe)
Kalbfleisch	Filet (Lende) Kotelett (Rücken) Haxe Oberschale Hüfte Kugel	Oberschale Kugel Blume (Hüfte) Rücken Filet Brust	Nacken (Hals) Brust Bug (Schulter) Haxe	Nacken Brust Dünnung Haxe

Rinderfilet und seine Teile

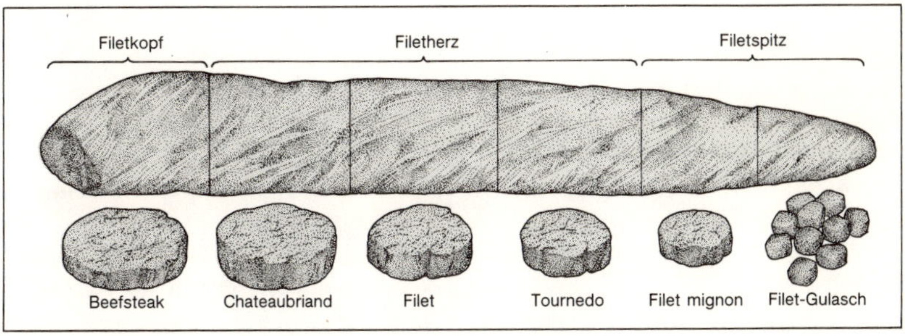

Lage und Bezeichnung der Teilstücke beim Rind

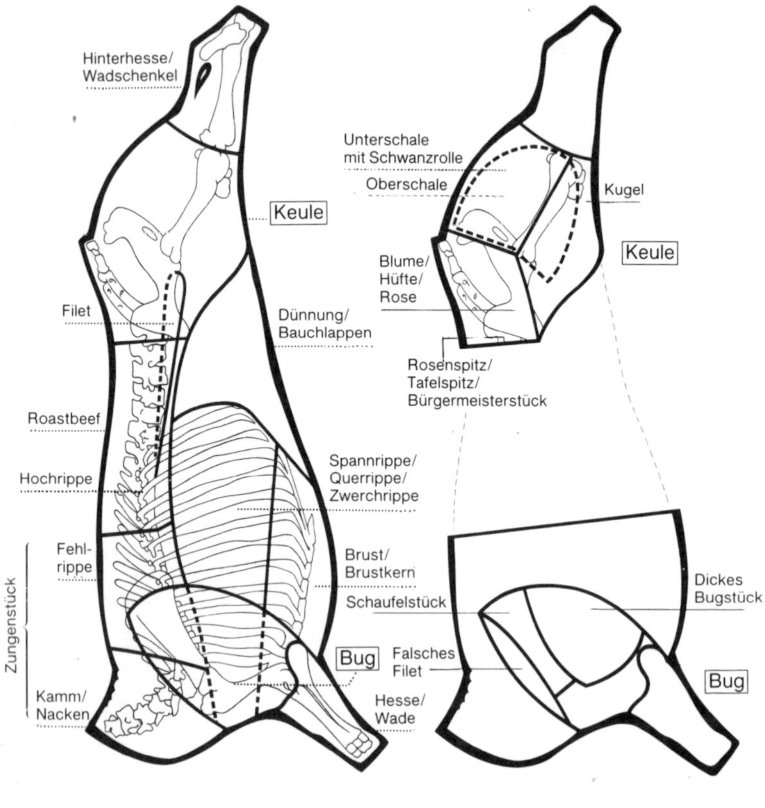

Auch in der Rinderhaltung hat die Spezialisierung und Technisierung Einzug gehalten, so daß die einen Betriebe meistens nur Milch- und Jungvieh erzeugen und die anderen Betriebe diese Jungtiere ausmästen.
Die Qualität des Rindfleisches hängt ebenfalls von vielen, für den Verbraucher beim Kauf nicht erkennbaren Kriterien ab. Wichtig ist besonders das Alter: Je mehr das gekaufte Fleisch zum Kurzbraten und nicht zum Kochen oder Dünsten verwendet werden soll, desto jünger soll das Tier sein (höchstens 2 Jahre).
Viele Direktvermarkter für Rindfleisch spezialisieren sich heute auf *Baby-Beef*. Baby-Beef-Rindfleisch ist

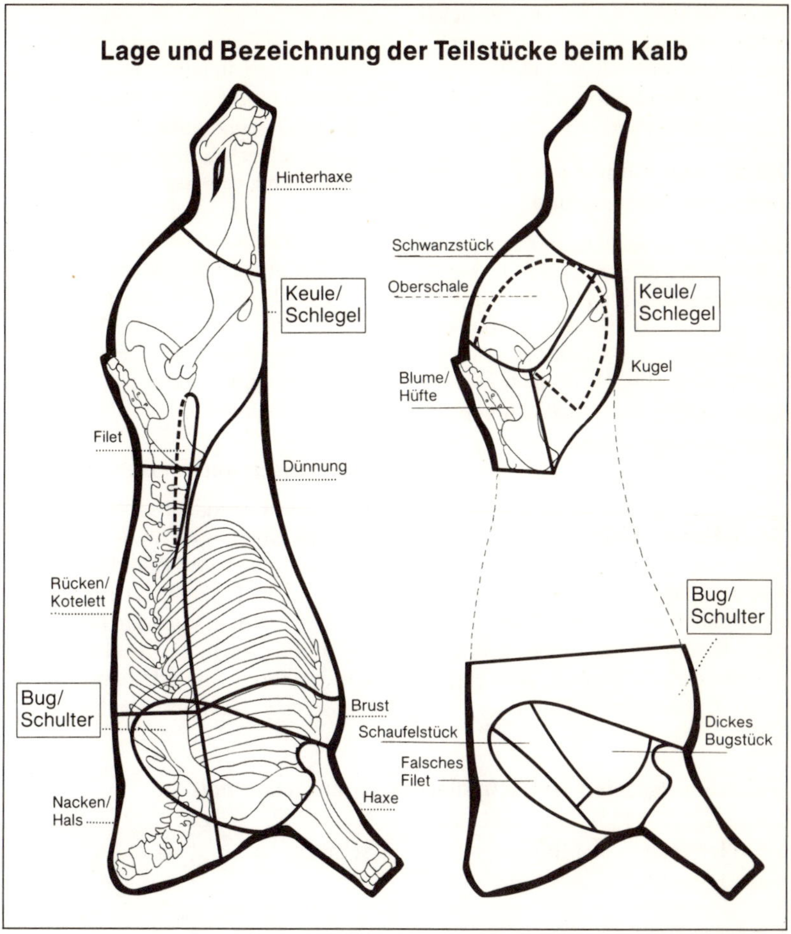

Fleisch von Jungtieren bis ca. 300 kg Lebendgewicht, die in Mutterkuhhaltung aufgezogen werden, das heißt, das Jungtier saugt die Milch der Kuh während eines ganzen Jahres. Das Fleisch ist zarter und feinfaseriger. Im Direktkauf hat es den Vorteil, daß der Käufer nicht so viel Geld braucht, weil ein Rinderviertel nur ca. 50 kg wiegt.

Beim Rind kann durch streßreiches Schlachten trockenes, geschmackloses Fleisch entstehen. Das Fleisch soll nach dem Schlachten in jedem Fall ca. 2 Wochen lang abhängen bzw. reifen (im Gegensatz zum Schweinefleisch, das frisch verkauft werden soll). Die Marmorierung, das heißt die feinaderige Einlagerung von Fett im

Muskelfleisch, trägt zur Geschmacksverbesserung bei. Hierzu ist Färsen- oder Ochsenfleisch oder Fleisch von speziellen Rinderrassen wie Charolaise besonders geeignet.

Rindfleisch/Kalbfleisch und seine Verwendung

Die Hausfrau sollte beim Zubereiten von Rindfleisch den Grundsatz befolgen, das verwendete Teilstück durch die kürzere Garzeit nicht aufzuwerten. Überspitzt gesagt: Man nimmt lieber Filet für Gulasch als die Rose zum Kurzbraten. Siehe Tabelle Zubereitungsarten auf Seite 19.

Schafhaltung

Der Schaffleischverzehr in der Bundesrepublik Deutschland ist mit 1 kg pro Jahr und Person äußerst gering, während er in Frankreich oder England ein Vielfaches beträgt.

Die Schafhaltung in der Landwirtschaft hat die geringste Veränderung in den letzten 40 Jahren erfahren. Während Rinder und Schweine rationell gehalten und auf höhere Leistungen gezüchtet wurden, blieb die Schafhaltung eine extensive Form der Landbewirtschaftung. Schafweiden findet man auf extrem mageren Böden oder Grundstücken, die in ihrer Form und Hanglage anderweitig nicht genutzt werden können. Die Koppelhaltung ist heute die übliche Form der Schafhaltung, Wanderschäfer gibt es nur noch selten (25% aller Tiere).

Schafrassen und Fleischqualität

Schafrassen werden in zwei grundsätzliche Nutzungsrichtungen eingeteilt: Wollschafe und Fleischschafe, wobei ca. 95 Prozent als Fleischschafe gehalten werden. Intensive *Fleischrassen* sind vor allem das Texelschaf, Schwarzkopfschaf und Rhönschaf. Ein *Wollschaf* ist das Merinolandschaf.

Zubereitungsarten von Schaffleisch (Lamm, Hammel)

Grillen und Kurzbraten	Braten	Schmoren	Kochen
Scheiben von Keule (Schlegel) Lende (Sattel, Chops) Filet Brust	Keule Lende Brust Filet Bug (Blatt, Schulter) Dünnung (Lappen, Bauch) Kamm (Halskotelett) Hals	Keule Bug Brust Dünnung Kamm (Halskotelett) Hals	Bug Brust Dünnung Hals

Außer der Säugezeit, in der Kraftfutter zugefüttert wird, erhalten die Schafe praktisch im Sommer nur Grünfutter und im Winter Heu und etwas Getreide.

Das Fleischangebot beim Schaffleisch unterscheidet 4 *Qualitätsstufen:*

▷ Milchlammfleisch bis 6 Monate: feinfaserig, zartrot, fettarm.
▷ Mastlammfleisch bis 12 Monate: rotes Fleisch, gelbliches Fett.
▷ Hammelfleisch bis 2 Jahre: dunkelrotes Fleisch mit gelber Fettmaserung.
▷ Schaffleisch über 2 Jahre: dunkelrotes Fleisch mit Fettrand.

Schaffleisch soll (wie Rindfleisch) etwa eine Woche abgehangen sein. Da nur knapp 30% des Schaffleisches im Inland erzeugt und mehr als 70% meist aus Übersee eingeführt werden, sollte jeder Verbraucher, der Wert auf heimische Ernährung legt, zum Schäfer oder schafhaltenden Bauern gehen und sich sein Schaf lebend aussuchen können.

Schaffleisch und seine Verwendung

Schaffleisch hat eine kurze Garzeit. Es muß heiß serviert werden, weil die Fettgerinnung noch bei höheren Temperaturen beginnt als bei anderen Fleischsorten. Siehe auch Tabelle Zubereitungsarten (links).

Lage und Bezeichnung der Teilstücke bei Lamm und Hammel

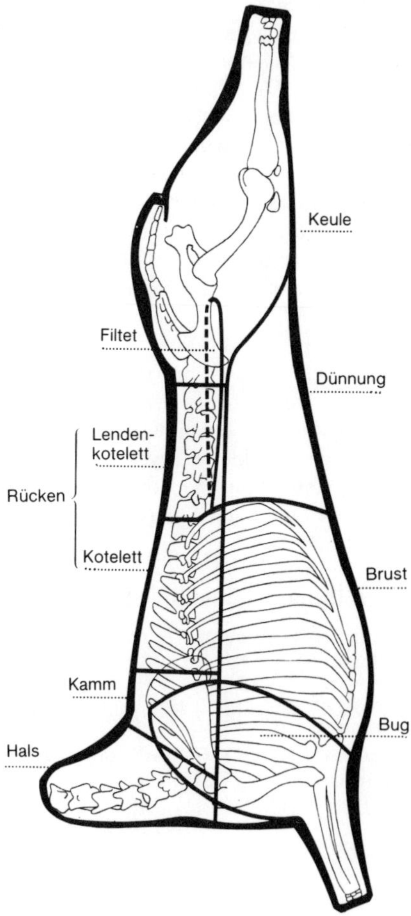

Geflügelhaltung

Die Geflügelhaltung hat in den letzten 40 Jahren die größte Veränderung und Industrialisierung von allen Arten der Tierhaltung erfahren müssen. Die bodenunabhängige Haltung und Fütterung hat Riesenfarmen mit 50 000, ja sogar bis 2,8 Millionen *Hühner* entstehen lassen. Die Hühner werden in Käfige gezwängt, um die Eierproduktion und Sortierung von jeglicher Handarbeit zu befreien. Die Legeleistung der Hühner wurde durch ausgeklügelte Fütterung von 180 auf 270 Eier pro Henne und Jahr getrimmt. Die Haltung in Käfigen ist zwar gesundheitlich für die Tiere in Ordnung, doch ethisch nicht vertretbar.
In der *Enten-, Gänse-* und *Putenmast* entstehen zwar ebenfalls große Betriebe mit den Problemen der Massentierhaltung, aber der Direktvermarkter wird auch weiterhin die extensive Weidemast bevorzugen, denn Enten und Gänse verfetten dabei nicht und sind schmackhafter. Die Putenmast in größeren Beständen ist für die Gesundheit der Tiere oft sehr riskant und nur durch Einsatz von Masthilfsmitteln möglich; denn Puten reagieren sehr empfindlich auf Haltung und Fütterung in großen Beständen und können sich leicht gegenseitig mit Krankheiten anstecken.
In der Legehennenhaltung ist – außer bei den Großfarmen – bereits eine Wandlung eingetreten, weil der Verbraucher *bewußt* für ein Ei aus Bodenhaltung und vor allem aus Freilandhaltung mehr Geld ausgibt. Die Sicherheit, daß er Eier aus solchen Beständen kauft, erhöht sich natürlich, wenn er direkt zum Bauernhof fährt. Die Bodenhaltungshennen sehen zwar keine grüne Wiese, während Freilandhühner sich einen Teil ihrer Nahrung im Freien suchen. Die Ernährung der Freilandhühner ist aber dennoch vielseitiger als bei der Käfighaltung und wird durch einen unbeeinträchtigten

Zubereitungsarten von Geflügel

Grillen Kurzbraten	Braten	Schmoren	Kochen
Hähnchen Poularden Grillenten — Hähnchenbrust Poulardenbrust Entenbrust Brustfilet Putenschnitzel Putensteak	Ganzes Geflügel Hähnchen-schenkel Putenkeulen	Hähnchen, portioniert Hähnchen-schenkel Putenkeulen	Suppenhuhn Hühnerklein Putenklein

Geflügel tranchieren (Ziffern in der Reihenfolge der Arbeitsschritte)

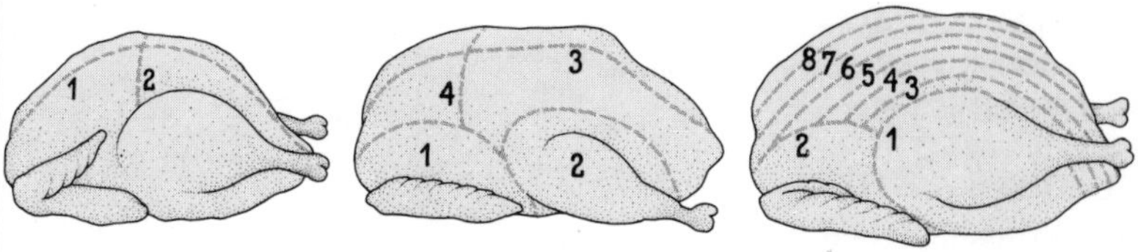

Brathähnchen

Enten, große Poularden und Brathühner, kleine Gänse und Puter

Gans und Puter

Geschmack sowie eine kräftigere Dotterfarbe (sie hängt nicht mehr allein von der Fütterung ab!) belohnt. Die Hausfrau merkt dies an der gelben Farbe des Kuchens.

Wild und Wildgeflügel

(Der Bauer als Jäger oder Jagd-Verpächter)

Wildfleisch gilt als besondere Delikatesse. Der Verbrauch/Verzehr spielt in der Regel bei der besser verdienenden Bevölkerungsschicht eine größere Rolle, weil Wildfleisch teuer ist.
Das deutsche Jagdrecht sieht den Besitzer von Grund und Boden, in der Regel den Bauern, als Jagdausübungsberechtigten vor. Es kann zwar erst ab einer gewissen Größe (75 bis 150 Hektar) einer zusammenhängenden Fläche ausgeübt werden, aber der Bauer ist auch mit seiner kleinen Fläche schon berechtigt, bei der Jagdvergabe einer Genossenschaftsjagd, in der seine Fläche liegt, den Jagdpächter mitzubestimmen.

Da das Wild in freier Natur lebt, liegen Gesundheit und Schmackhaftigkeit des Fleisches nicht im Einflußbereich des Jägers. Tschernobyl hat den schädlichen Cäsiumgehalt (gemessen in Becquerel) des Wildfleisches um ein Vielfaches erhöht und damit den bisher bedenkenlosen Genuß vereitelt.
Eine neue Form der Wildtierhaltung ist mit der *Gatterhaltung* entstanden. Hier kann der Verbraucher etwas günstiger Hirsch- oder Wildschweinfleisch kaufen als aus der freien Wildbahn. Sie wird auf unrentablen, nassen oder steilen Grundstücken betrieben und ist für den Bauern ein zusätzliches Einkommen. Gehegewild hat den Vorteil, daß es das ganze Jahr über frisch angeboten wird und nur Jungtiere mit zarterem Fleisch zur Schlachtung herausgenommen werden.
An heimischem Wildfleisch werden vor allem Reh, Hirsch, Wildschwein, Hase und Kaninchen, bei Wildgeflügel Fasan, Wildente und Rebhuhn angeboten. Alles Wildfleisch kann unbedenklich tiefgefroren werden. Hierfür

ist der direkte Kauf beim Jäger vorzuziehen, denn bei den langen Vermarktungsketten, die oft in den traditionellen Wildexportländern des Ostblocks einkaufen, ist das Risiko einer Unterbrechung der Gefrierkette größer.

Zerwirken von Hase und Wildkaninchen

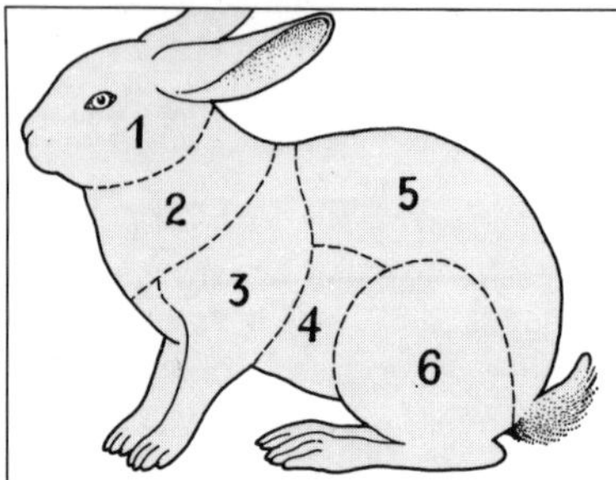

Teile	Verwendung
1 Kopf **2** Hals **3** Vorderläufe mit Schultern **4** Bauchlappen	Zu Ragouts, Kleingerichten und Farcen.
5 Rücken **6** Keulen	Zum Braten und Schmoren. Aus dem Rücken schneidet man die Filets.

Jung werden die Tiere im Ganzen gebraten.

Zerwirken von Schalenwild

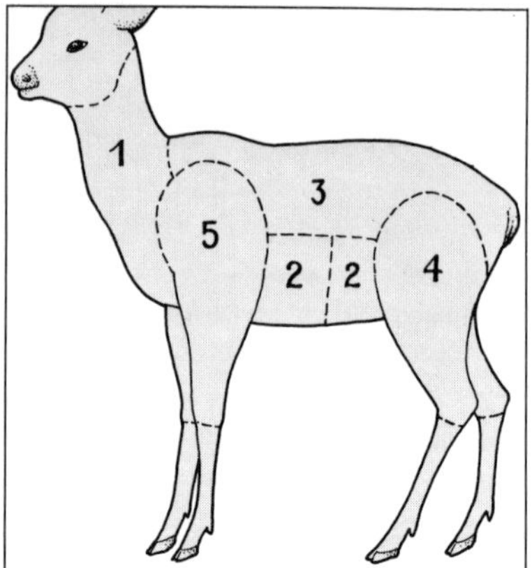

Teile	Verwendung
1 Hals (Träger)	Zum Schmoren, Ragout, für große Roulade.
2 Brust und Bauchlappen	Zum Schmoren, Braten, Ragout, zu Rollbraten und zum Füllen.
3 Rücken (Ziemer)	Der Rücken wird im Ganzen gebraten oder geschmort, oder man schneidet Filets und Koteletts daraus.
4 Keulen (Schlegel)	Die Keule wird im Ganzen oder in Stücken gebraten oder geschmort. Es können auch Schnitzel und Rouladen geschnitten werden.
5 Schultern (Blätter)	Zum Braten, Schmoren, Rollbraten und Ragout.

Milch und Milchprodukte

Milch, Butter, Käse und Verarbeitungen daraus sind tierische Produkte, die den Eiweißbedarf des Menschen auch ohne Fleisch decken können. Die Verdauung des Menschen kann nur Eiweißbausteine (Aminosäuren) verwerten, die ihm mit der Nahrung angeboten werden. Man spricht von essentiellen (lebensnotwendigen) Aminosäuren.

Milch

Milch ist eines der vollkommensten Lebensmittel für den Menschen. Das Milchfett ist das am leichtesten verdauliche Nahrungsfett. Bereits ein Liter Milch am Tag sichert den Calciumbedarf des Körpers. Der hohe Vitamingehalt der Milch, besonders der Gehalt an Vitamin A, E und B2, trägt ebenfalls zur Deckung des täglichen Bedarfes bei.
Da Milch einen idealen Nährboden für Mikroorganismen darstellt, ist nach dem Melken eine sofortige Kühlung erforderlich. Die nur gekühlte Milch beim Bauern hat den vollen Fettgehalt, weil sie nicht teilentrahmt wird. Sie ist nicht lange ohne Kühlung haltbar, aber sie hat vor allem ihren natürlichen Geschmack und den vollen Vitamingehalt. Es gibt auch Vorzugsmilchbetriebe, die durch spezielle Fütterung und Haltung Milchqualitäten anbieten, die im Geschmacks-, Geruchs- und Gesundheitswert nicht zu überbieten sind.
Selbst hergestellte und im Direktverkauf angebotene *Bauernbutter* ist in Geschmack und Frische der Molkereibutter überlegen. Sie sollte wegen ihrer Naturbelassenheit nicht zu lange gelagert werden.

Käse

Der Verkauf von Käse auf dem Bauernhof ist traditionell in milchreichen Gegenden, vor allem im Allgäu oder in Friesland anzutreffen. Viele ökologisch wirtschaftende Betriebe mit einer vielfältigen Tierhaltung bieten auch Käse aus Schaf- oder Ziegenmilch an.
Beim Käse unterscheidet das Angebot nach Fettgehaltstufen (Fett in der Trockenmasse = Fett i. Tr., angegeben als prozentualer Fettgehalt in 100 g Trockenmasse) und Käsegruppen (von Frischkäse über den Weich- und Sauermilchkäse bis zum Schnitt- und Hartkäse). Beide müssen gekennzeichnet sein, ebenso das Haltbarkeitsdatum.

Eier

Die Verwendung von Eiern im Haushalt ist sehr vielseitig. Sie werden als Bindemittel, Lockerungsmittel, Klärmittel, Färbemittel, Emulgator und zum Legieren (bei der Zubereitung von Gebäck, Knödeln, Aspik, gebundenen Suppen und Saucen, Mayonnaise, Cremes und Eis) verwendet.
Im Handel werden Eier nach Gewichts- und Güteklassen sortiert angeboten. Dies geschieht auch bei größeren Direktvermarktern.
Kleinere Bauern, die direkt ab Hof oder auf Wochenmärkten anbieten, müssen ihre Eier nicht sortieren. Als Kunde auf dem Bauernhof haben Sie den Vorteil, die Haltungsform der Hühner zu kennen; denn der gelbe Dotter kann nicht nur durch das frische Grün im Freien, sondern auch durch den Zusatz von Farbstoffträgern (Grünmehl, Paprika) im Futter erreicht werden.
Die Haltbarkeit frischer Eier bei kühler Lagerung beträgt ca. 3–4 Wochen.

Wie erkennt man ein frisches Ei?

Ein frisches Ei erkennen Sie beim Aufschlagen (Aufschlagprobe) oder durch Einlegen in einfaches kaltes Wasser (Schwimmprobe). Beim gekochten Ei pellt sich die Schale bei ganz frischen Eiern schlecht ab, beim zu alten Ei ist der Dotter nahe am Schalenrand, also aus der Mitte heraus.

Frischeprobe

Schwimmprobe — Aufschlagprobe

Frisches Ei

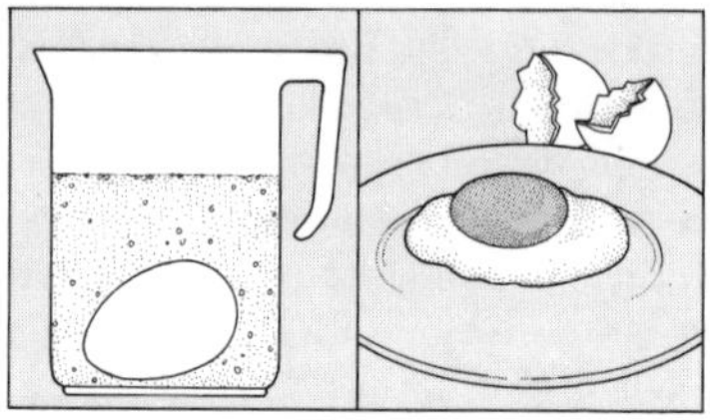

Ei sinkt zu Boden — Eiklar steht, Dotter ist hochgewölbt

7 Tage altes Ei

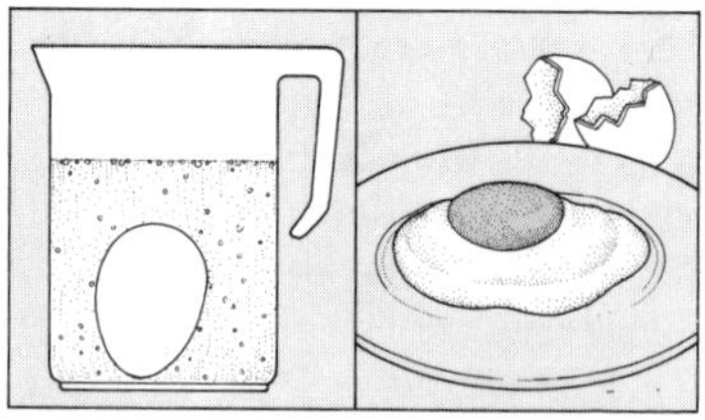

Ei steht — Eiklar und Dotter vermischen sich

3 Wochen altes Ei

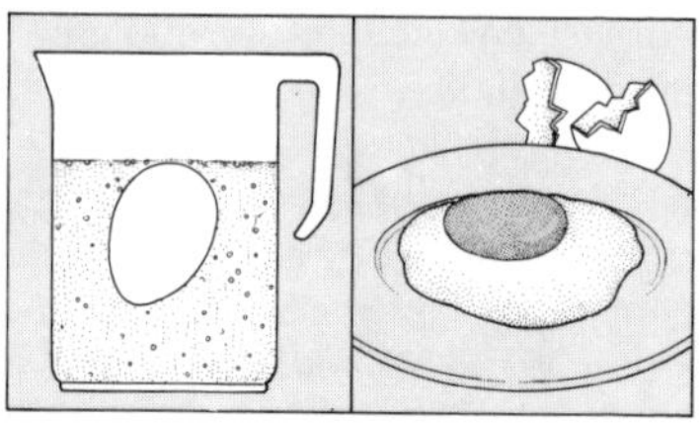

Ei schwimmt — Eiklar zerfließt, Dotter wird flacher

REZEPTE

Schweinefleischgerichte

Schweinebraten

Für 4–6 Personen

Aus welchen Stücken

Brustspitz, Wamme, Hals, Backe, Rippchen, Schulter

750 g Schweinefleisch mit Schwarte
Salz und Pfeffer
1 Messerspitze zerstoßener Kümmel
1 Lorbeerblatt, zerrieben
1 Knoblauchzehe, zerdrückt
1 Zwiebel, grob gehackt
¼ l Wasser oder
⅛ l Wasser und ⅛ l Bier
1 EL Speisestärke

Das Fleisch kurz unter fließendem kalten Wasser waschen, mit Küchenkrepp trockentupfen, salzen und pfeffern. Kümmel, Lorbeer, Knoblauch und Zwiebel vermischen, das Fleisch damit einreiben und 1–2 Stunden (am besten über Nacht) einziehen lassen.
⅛ l Wasser in eine tiefe Bratpfanne, Bratreine oder Kasserolle geben und das Fleisch mit der Schwarte nach unten hineinlegen. In den auf 220 °C vorgeheizten Backofen schieben. Wenn die Flüssigkeit verdampft ist, Wasser oder Bier nachgießen. Nach 1 Stunde den Braten wenden, Rauten in die Schwarte schneiden und nochmals leicht salzen. Weiterbraten, bis die Kruste knusprig ist und kleine Blasen wirft – noch ca. ½ Stunde.
Den Braten auf eine Platte legen und bis zum Aufschneiden im ausgeschalteten Ofen ruhen lassen. Inzwischen die Soße durch ein feines Sieb abseihen, aufkochen und mit Speisestärke binden, so daß sie leicht sämig wird.

Geeignete Beilagen

Semmelknödel, rohe Klöße, gekochte Kartoffelknödel, halbseidene Kartoffelknödel, Serviettenknödel, Salzkartoffeln, Sauerkraut, Kartoffelsalat, Gurkensalat, Kopfsalat, Endiviensalat, Tomatensalat.

Weitere Verwendung

Als kalter Braten, zu Fleischsalat.

Tips

▷ Frühzeitiges Würzen hebt den Geschmack.
▷ Knusprige Haut durch anfängliches Einlegen der Schwarte nach unten.
▷ Bei kleinen Fleischmengen mit klarer Fleischbrühe aufgießen, das ergibt eine kräftigere Soße.
▷ Fetteres Fleisch mit Wasser, mageres Fleisch mit Fett zusetzen.
▷ So sparen Sie viel Zeit: Geben Sie den Braten im geschlossenen Eisentopf oder Bräter bei 230 °C in den Backofen, alle ½–¾ Stunde nachsehen und evtl. aufgießen. Ganz zum Schluß erst abdecken und die Kruste bräunen.

Vermeidbare Fehler

▷ Kein zu mageres Fleisch nehmen.
▷ Zu schwaches Braten gibt fade Soße.

Schweinshaxe gebraten

Für 4 Personen

Aus welchen Stücken

Hinterhaxe

1 große Schweinshaxe von 1,5 kg
Salz und Pfeffer
1 Messerspitze gestoßener Kümmel
1 Lorbeerblatt, zerrieben
1 Knoblauchzehe, zerdrückt
1 Zwiebel, grob gehackt
¼ l kochendes Wasser
Wurzelwerk, etwas Bier

Die Haxe kurz unter fließendem kalten Wasser waschen, mit Küchenkrepp trockentupfen, salzen und pfeffern. Kümmel, Lorbeer, Knoblauch und Zwiebel vermischen, das Fleisch damit einreiben und möglichst einige Stunden durchziehen lassen. Die Haxe im Bräter oder Eisentopf mit dem kochenden Wasser übergießen und zugedeckt etwa 30 Minuten auf der Platte dämpfen lassen. Die Schwarte karoartig einschneiden, das Wurzelwerk dazugeben. Die Haxe in dem auf 220 °C vorgeheizten Backofen geschlossen weiterbraten. Die Bratzeit beträgt ca. 2 Stunden. Immer wieder mit Soße übergießen. Den Deckel vom Bratentopf abnehmen und die Haxe offen ca. ½ Stunde von allen Seiten knusprig braten oder etwas grillen. Nach Belieben die Kruste mit Bier bestreichen, damit sie knusprig wird und kleine Blasen wirft.
Die Haxe auf eine Platte legen und bei Tisch tranchieren. Die Soße durch ein feines Haarsieb passieren, aufkochen und mit dem Fleisch servieren. Der Knochen muß leicht auszulösen sein, wenn die Haxe fertig ist.

Geeignete Beilagen

Semmelknödel, rohe Klöße, halbseidene Kartoffelknödel, Thüringer Klöße, gekochte Kartoffelknödel, Serviettenknödel, Salzkartoffeln, Sauerkraut, Gurkensalat, Tomatensalat, Rohkost, Blattsalate, Krautsalat.

Weitere Verwendung

Als kalter Braten.

Tips

- ▷ Frühzeitiges Würzen hebt den Geschmack.
- ▷ Haxen, im geschlossenen Topf gebraten, werden saftiger.

Vermeidbare Fehler

- ▷ Haxe nie zu kurze Zeit braten, sie ist sonst zäh.

Schweineschnitzel natur

Für 4 Personen

Aus welchen Stücken

Oberschale, Schlegel

4 Schnitzel, je 150–180 g
50–100 g Butterschmalz
Salz, Pfeffer, nach Wahl Knoblauch, Rosmarin, Paprikapulver, abgeriebene Zitronenschale, unbehandelt
1–2 Paprikaschoten, rot und grün
100–150 g frische Champignons
4 Scheiben Kräuter- oder Knoblauchbutter

Die Schnitzel leicht klopfen. Das Butterschmalz in einer Pfanne erhitzen. Die Schnitzel in das Fett legen und auf jeder Seite ca. 4–5 Minuten braten. Jetzt die Schnitzel salzen und pfeffern und nach Wahl Knoblauch, Rosmarin, Paprikapulver oder Zitronenschale zu den bratenden Schnitzeln geben. Wünschen Sie Beilagen wie gedünstete Paprikastreifen oder Champignons, so werden diese in einem separaten Topf in etwas Fett gedünstet und über die gesalzenen und gepfefferten Schnitzel gegeben.
Kräuter- oder Knoblauchbutter eiskalt auf die fertigen Schnitzel geben.

Geeignete Beilagen

Pommes frites, Butterreis, Salzkartoffeln, Kartoffelbrei, Folienkartoffeln, verschiedene Salate, roh und gekocht.

Weitere Verwendung

Kann als Fertiggericht tiefgefroren werden.

Tips

- ▷ Zartes, sehnenfreies Fleisch verwenden.
- ▷ Nicht zu lange braten, die Schnitzel werden sonst zäh.
- ▷ Beilagen vor dem Braten zubereiten.
- ▷ Naturschnitzel sofort servieren.

Vermeidbare Fehler

- ▷ Schnitzel nicht vor dem Braten salzen und pfeffern, sie verlieren sonst Fleischsaft.
- ▷ Beim Einlegen in die Pfanne muß das Fett sehr heiß sein, damit sich die Poren sofort schließen.

Hackbraten im Blätterteig

Für 4–6 Personen

Aus welchen Stücken

Schweineschulter, Schweineschlegel, Wadschenkel und Hals vom Rind

500 g gemischtes Hackfleisch
1 alte Semmel
30 g Butterschmalz
1 mittelgroße Zwiebel, gehackt
1 Knoblauchzehe
Petersilie
1 Ei
Salz und Pfeffer
Majoran und Muskat
etwas Paprikapulver
abgeriebene Schale von
1 unbehandelten Zitrone
2–3 Scheiben Tiefkühlblätterteig
1 Eigelb

Das Hackfleisch in eine Rührschüssel geben. Die Semmel in lauwarmem Wasser einweichen. Das Butterschmalz in einer Pfanne erhitzen und die gehackte Zwiebel, Knoblauch und Petersilie andünsten und etwas auskühlen lassen.
Die Semmel zwischen zwei Holzbrettchen ganz fest auspressen und zum Hackfleisch geben. Die Zwiebelmischung aus der Pfanne, das Ei und die Gewürze zum Fleisch geben und mit dem Knethaken so lange durcharbeiten, bis der Fleischteig sich gut verbindet. Eine längliche Rolle formen.
Die inzwischen aufgetauten Blätterteigscheiben an den Kanten mit Wasser bestreichen und etwa 1 cm über-

einanderlegen. So groß auswellen, daß die Teigplatte etwa 1–2 cm größer ist als der Umfang der Fleischrolle.
Die Fleischrolle darauflegen. Die oberen Kanten wieder mit Wasser einpinseln, über der Fleischrolle aufeinanderlegen und mit dieser Naht nach unten auf ein mit kaltem Wasser abgespültes Blech legen. Den Blätterteig an den Längsseiten nach innen einschlagen und ganz mit dem Eigelb bestreichen. Nach Belieben Blätterteigreste mit dem Teigrädchen in Streifen schneiden und die Rolle damit verzieren. Die Streifen nicht mehr mit Eigelb bestreichen.
Den Hackbraten in den auf 220 °C vorgeheizten Backofen schieben und etwa 1 Stunde backen.

Geeignete Beilagen

Kartoffelsalat, Blattsalate, Krautsalat, Rohkost, Gemüse mit Holländischer Soße und Salzkartoffeln.

Weitere Verwendung

Dieser Hackbraten kann sehr gut kalt aufgeschnitten werden.

Tips

- ▷ Hackbraten läßt sich gut mit einem elektrischen Messer schneiden.
- ▷ Hat der Braten eine goldbraune Farbe, sollte er mit Alufolie abgedeckt werden, um ein zu starkes Nachbräunen zu verhindern.

Griebenschmalz mit Äpfeln und Zwiebeln

Aus welchen Stücken

Schweineflomen, Rückenspeck ohne Schwarte

1 kg Speck
200 g Zwiebeln, 300 g Äpfel
1 Knoblauchzehe, gepreßt
½ TL Majoran nach Belieben
Salz und weißer Pfeffer

Den Speck abschwarten, in 3 × 6 cm große Rechtecke schneiden und diese durch die 8-mm-Lochscheibe des Fleischwolfes drehen. Das Fett in einen großen, weiten Topf geben und bei mittlerer Hitze auf der Herdplatte langsam ausbraten, bis die Grieben goldfarben sind. Während des Ausbratens die Zwiebeln fein hacken. Die Äpfel erst bei Bedarf fein würfeln, damit sie nicht bräunlich werden. Das Fett mit der Backschaufel immer wieder durchrühren, damit es nicht spritzt. Als erstes die Zwiebeln, nach ca. 5 Minuten Äpfel und Knoblauch dazugeben und bei geschlossenem Topf ca. 20–30 Minuten köcheln lassen. Das Griebenschmalz so lange abkühlen lassen und immer wieder durchrühren, bis es dickcremig wird und die Grieben gleichmäßig verteilt sind. Jetzt nach Belieben Majoran zufügen, gut salzen und pfeffern. In ein Steintöpfchen oder einen geeigneten Kunststoffbecher füllen.

Weitere Verwendung

Als deftiger Brotaufstrich.

Tips

- ▷ Grieben können nach Belieben auch von Hand in Streifen und dann in Würfel geschnitten werden.
- ▷ Sollten die Grieben zu groß sein, können sie nach dem Ausbraten mit dem Mixstab des elektrischen Handrührgerätes in der Schüssel zerkleinert werden.
- ▷ Beim Auslassen des Fettes den Herd ständig beobachten (Brandgefahr möglich!).

Vermeidbare Fehler

- ▷ Fett nicht zu stark erhitzen, der Geschmack leidet darunter.
- ▷ Zwiebeln und Äpfel nicht zu früh zu den Grieben geben, sonst werden die Grieben wegen des Wassergehaltes dieser Zutaten nicht mehr goldbraun.

Weißer Preßsack

Aus welchen Stücken

Schweinekopf, Schwarten

2–3 kg Schweinekopf
500 g Schwarten
2–3 l kaltes Wasser
¼ l Essig
1–2 EL Salz
1 TL Zucker
½ Lorbeerblatt
3 weiße Pfefferkörner
½–¾ l Essig
1 Zwiebel, in feine Halbringe geschnitten
abgeriebene Schale von 1 unbehandelten Zitrone
1 TL schwarzer Pfeffer, frisch gemahlen
4 Preßsackhüllen
Bindfaden

Den Schweinekopf mehrmals durchhacken. Zusammen mit den Schwarten, Wasser, Essig, Salz, Zucker, Lorbeerblatt und Pfefferkörnern zum Kochen aufsetzen und ca. 2 Stunden nur leicht zugedeckt kochen. Das Fleisch aus der Brühe nehmen, in einen Salatseiher geben und kalt überbrausen. Das Fleisch von den Knochen lösen, in ½ cm dicke Scheiben schneiden und daraus 1 cm breite und ca. 5 cm lange Streifen schneiden. Die Schwarten in feine, kurze Steifen schneiden. Mit Küchenkrepp die Brühe entfetten und durch ein feines Haarsieb gießen. Mit Essig, Zwiebel, Zitronenschale, schwarzem Pfeffer und evtl. Salz gut säuerlich abschmecken. Die Masse in 4 Preßsackhüllen mit 65 mm Durchmesser füllen und zubinden.
Inzwischen einen sehr weiten Topf mit Wasser aufsetzen und auf 70 °C erhitzen. Die Preßsäcke hineinlegen und ¾–1 Stunde garziehen lassen. Anschließend die Preßsäcke in kaltem Wasser gut abkühlen lassen, an einem kalten Ort aufhängen und ganz steif werden lassen.

Geeignete Beilagen

Bratkartoffeln, verschiedene Brotsorten.

Weitere Verwendung

Der rohe Preßsack kann tiefgefroren und erst bei Bedarf gegart werden.

Tips

- ▷ Beim Kauf eines halben Schweins kann der Kopf verwertet werden.
- ▷ Beim Entfetten das Küchenkrepp nur kurz auf die Brühe legen und wieder herausnehmen, evtl. zweimal entfetten.
- ▷ Preßsackhüllen gibt es im Metzgereibedarf zu kaufen.
- ▷ Durch das Aufhängen steigt evtl. noch vorhandenes Fett nach oben. Der Preßsack wird dadurch klar.
- ▷ Die Garzeit hängt vom Durchmesser der Preßsackhülle ab. Pro Zentimeter Durchmesser rechnet man 10 Minuten Garzeit.

Vermeidbare Fehler

- ▷ Nicht zu schwach abschmecken, sonst schmeckt der Preßsack fade.
- ▷ Das Fleisch nicht zu kernig kochen, sonst wird der Preßsack zäh.

Rind- und Kalbfleischgerichte

Roastbeef gebraten

Für 4 Personen

Aus welchen Stücken

Rinderlende

1 kg sehr gut abgehangene Rinderlende, Salz und Pfeffer
20–50 g mittelscharfer Senf
30–50 g Butterschmalz

Die Rinderlende kurz unter fließendem kalten Wasser waschen und mit Küchenkrepp trockentupfen. Das Fleisch salzen und pfeffern, mit Senf bestreichen und in sehr heißem Butterschmalz ringsherum scharf anbraten, damit sich die Poren schnell schließen. Das Roastbeef in den auf 75 °C vorgeheizten Backofen schieben und 80 Minuten braten.

Geeignete Beilagen

Kartoffelkroketten, Möhren- und Erbsengemüse, Butterböhnchen, Brokkoli, Blumenkohl, Remouladensoße.

Weitere Verwendung

Für kalte Buffets, dünn aufgeschnitten, oder als kaltes Gericht mit Waldorfsalat.

Tips

- ▷ Diese Zubereitung ist auch für *Kalbslende* geeignet.
- ▷ Durch die niedrige Brattemperatur bekommt das Roastbeef keinen grauen Rand, es wird gleichmäßig rosa.
- ▷ Bei Zimmertemperatur abkühlen lassen.

Vermeidbare Fehler

- ▷ Sofort in die Kühlung geben, das Fleisch bleibt immer sehr naß.
- ▷ Wird das Roastbeef nicht scharf angebraten, tritt der Saft aus!

Freilandhühner liefern geschmacklich gutes Fleisch und eine kräftige Dotterfarbe.

nkaufen
f dem
uernhof

Rindfleisch nach Hausfrauenart

Für 4–6 Personen

Aus welchen Stücken

Aus allem mageren Rindfleisch oder aus gekochten, kalten Rindfleischresten

375–500 g Rindfleisch
Salz
1 Zwiebel
Wurzelwerk

Soße

2–3 große Zwiebeln
40–60 g Butterschmalz
60–80 g Mehl
½–¾ l Fleischbrühe
200 ml saure Sahne
Salz und weißer Pfeffer
1–2 Knoblauchzehen, gepreßt
20 g Fett zum Dünsten der Zwiebeln

Butter für die Form
100 g Emmentaler, gerieben

Das Rindfleisch in Salzwasser mit der Zwiebel und dem Wurzelwerk in 1–2 Stunden – je nach Abgehangenheit des Fleisches und Alter des Tieres – gar kochen und auskühlen lassen. Das Fleisch möglichst mit der Aufschnittmaschine in dünne Scheiben schneiden. Diese Fleischscheiben in 4 × 5 cm große Blättchen schneiden.

◁

Verkauf der eigenen Fleischprodukte im Landkostladen direkt beim Bauern.

Die Zwiebeln in feine Halbringe schneiden. Das Butterschmalz in einem Topf erhitzen und das Mehl dazugeben, sehr kurz anschwitzen lassen, von der Herdplatte nehmen. Mit der Fleischbrühe ablöschen und mit dem Schneebesen so lange kräftig durchschlagen, bis eine sämige Masse entstanden ist. Die saure Sahne einrühren, salzen und pfeffern und mit dem Knoblauch kräftig abschmecken. Das Fett zum Dünsten der Zwiebel in eine Pfanne geben. Die geschnittenen Zwiebeln darin glasig dämpfen und zur Soße geben.
Eine feuerfeste Form ausbuttern und den Boden etwa 1 cm mit der Soße füllen. Darauf 1 EL geriebenen Emmentaler streuen und mit einer Lage Fleischblättchen belegen. Weiterhin lagenweise Soße, Käse und Fleisch verteilen. Die oberste Schicht soll Soße mit Käse sein. Die Form offen in den auf 200 °C vorgeheizten Backofen geben, 20–30 Minuten backen.

Geeignete Beilagen

Salzkartoffeln, Reis, verschiedene Blattsalate.

Weitere Verwendung

Dieses Gericht kann, in der Form vorbereitet, tiefgefroren werden.

Tip

▷ Reste von gekochtem Rindfleisch können besonders gut wiederverwendet werden.

Vermeidbare Fehler

▷ Nicht zu lange backen, das Fett setzt sich in der Form ab, dadurch wird das Gericht schmierig.

Tafelspitz

Für 4–6 Personen

Aus welchen Stücken

Huftdeckel

1 kg Tafelspitz
1 Zwiebel
2 Lorbeerblätter
4 Gewürznelken
1 TL Pfefferkörner
Salz
1½ l Wasser
375 g Sellerieknolle
500 g Lauch
375 g Möhren

Das Fleisch unter fließendem kalten Wasser abspülen und mit Küchenkrepp trockentupfen. Die Zwiebel schälen, etwas einschneiden und die Lorbeerblätter hineinstecken. Die Nelken in die Zwiebel drücken. Die Zwiebel, Pfefferkörner und das Fleisch in kochendes Salzwasser geben. Alles kurz aufkochen und zugedeckt ca. 1½ Stunden bei schwacher Hitze kochen.
Das Gemüse waschen. Die Sellerieknolle dünn schälen, vierteln, in 1 cm dicke und ca. 3 cm lange Stifte schneiden. Den Lauch in 2 cm schräge Stücke teilen. Die Möhren schälen und in 2 cm dicke Scheiben schneiden. Das Gemüse zum Fleisch geben und alles aufkochen. Zugedeckt bei schwacher Hitze in ½ Stunde gar kochen.
Den gegarten Tafelspitz aus der Brühe heben, kurze Zeit ruhen lassen, dann mit einem scharfen Messer quer zur Faser in 1 cm dicke Scheiben schneiden. Die Fleischscheiben auf einer vorgewärmten Platte anrichten und mit etwas Brühe übergießen.
Das Gemüse mit einer Schaumkelle aus der Brühe heben und mit auf der Platte anrichten.

Geeignete Beilagen

Salzkartoffeln, Meerrettichsoße, Apfelmeerrettich, anstelle von Gemüse frische Salate.

Weitere Verwendung

Zu Rindfleischsalat, Rindfleisch nach Hausfrauenart (Seite 37).

Tips

▷ Nach Möglichkeit einen weiten oder länglichen Topf verwenden, damit das Fleisch genügend Platz hat und nicht gedrückt wird.
▷ Apfelmeerrettich wird mit feingeriebenen Äpfeln, Zitronensaft, 1 Prise Salz und steifgeschlagener Sahne zubereitet.
▷ Soll das Gemüse mitserviert werden, wird es mit der Schaumkelle rechtzeitig herausgenommen und warm gestellt.

Vermeidbare Fehler

▷ Das Fleisch in kochendes (!) Salzwasser einlegen, es bleibt saftiger.
▷ Das Fleisch unbedingt quer zur Faser aufschneiden, es läßt sich leichter beißen.

Rindsgulasch

Für 4 Personen

Aus welchen Stücken

Hinterhesse, Bug, Keule, auch vom Kalb

600–750 g Rindfleisch
60 g Öl
600–750 g Zwiebeln, grob gehackt
2–3 Knoblauchzehen, gehackt
4 TL Rosenpaprika oder Paprika edelsüß
Salz
½ TL Kümmel, fein gewiegt
2 EL Tomatenmark oder Ketchup
ca. ¼ l Fleischbrühe
1 gestrichener EL Mehl
125 ml saure Sahne

Das Fleisch in 2–3 cm große Würfel schneiden. Das Öl in einem großen, weiten Topf erhitzen, das Fleisch darin gut anbraten. Die Zwiebeln dazugeben und goldgelb rösten. Knoblauch (kann auch weggelassen werden), Paprikapulver, Salz, Kümmel und das Tomatenmark oder Ketchup dazugeben. Mit heißer Fleischbrühe aufgießen und gut durchrühren. Das Gulasch im Saft in etwa 1½ Stunden weich schmoren. Bei Bedarf etwas Flüssigkeit nachgießen. Das Mehl mit der sauren Sahne glattrühren und das Gulasch damit binden. Abschmecken.

Geeignete Beilagen

Spätzle, Nudeln, Salzkartoffeln, verschiedene Salate, vor allem Blattsalate.

Weitere Verwendung

Als Fertiggericht sehr gut zum Tiefgefrieren geeignet. In der Mikrowelle sind Portionen schnell aufgewärmt.

Tips

▷ Gulasch kann sehr gut aus gemischtem Fleisch vom Rind und Schwein zubereitet werden.
▷ Mit Fleischbrühe gekocht, wird der Geschmack kräftiger.
▷ Mit Kartoffelwürfeln, etwas kleiner gewürfeltem Fleisch und mehr Flüssigkeit kann das Gulasch als *Gulaschsuppe* zubereitet werden. Lorbeerblatt mitkochen.
▷ Gulasch kann auch im geschlossenen Topf im Backofen gegart werden.

Vermeidbare Fehler

▷ Vorsicht! Gulasch brennt leicht an, öfter kontrollieren.
▷ Paprikapulver ist verschieden scharf. Rosenpaprika ist viel schärfer als Paprika edelsüß.
▷ Mehl zum Binden immer erst zum Schluß dazugeben (legt sich leicht an).

Rinderfilet gebraten

Für 4–6 Personen

Aus welchen Stücken

Rinderfilet

750 g Mittelstück vom Rinderfilet (Filetherz)

Beize

½ l Wasser
¼ l Weinessig
½–1 TL Salz
2 Zwiebeln, in Scheiben geschnitten
4 Wacholderbeeren
4 Pfefferkörner
2 Lorbeerblätter
2 Pimentkörner
Schale von 1 unbehandelten Zitrone

30–40 g Butterschmalz
200 ml saure Sahne
ca. ½ l kochende Beize
1 EL Speisestärke

Das Filet ganz kurz unter fließendem kalten Wasser waschen und mit Küchenkrepp trockentupfen.
Die Zutaten für die Beize gut vermischen. Das Fleisch in ein enges, hohes Gefäß legen und mit so viel Beize begießen, bis es leicht mit Flüssigkeit überdeckt ist. Das Gefäß abdecken und im Kühlschrank einige Tage stehen lassen. Das Fleisch täglich wenden. Nach ca. 3 Tagen das Filet aus der Beize nehmen und trockentupfen.
Das Butterschmalz in einem Bräter erhitzen. Das Filet von allen Seiten rasch anbraten und an der Oberseite dick mit saurer Sahne bestreichen. Die Zwiebelscheiben aus der Beize auf die Sahne legen und das Filet in den auf 200 °C vorgeheizten Backofen schieben. Seitlich etwas abgeseihte Beize angießen und ohne Deckel ca. 1–1½ Stunden – je nachdem, ob das Filet innen noch rosa oder durchgebraten sein soll – braten. Den Braten von Zeit zu Zeit mit saurer Sahne betupfen und seitlich mit weiterer Beize aufgießen. Nach Ablauf der Garzeit das Filet aus dem Bräter nehmen und warm stellen.
Die Soße mit Speisestärke binden, aufkochen lassen und abschmecken. Den Braten mit dem Sahneüberzug in Scheiben schneiden und mit etwas Soße sofort servieren.

Geeignete Beilagen

Spätzle, Nudeln, Reis, Kroketten, Pommes frites, Knödel, Salzkartoffeln.

Weitere Verwendung

Als Fertiggericht zum Tiefgefrieren geeignet.

Tips

▷ Im Sommer sollte die Beize abgekocht werden.
▷ Nach Belieben kann die Garzeit verkürzt werden.

Vermeidbare Fehler

▷ Durch zu starke Hitze beim Braten würde die Sahnehaube bitter schmecken.

Filetsteaks

Für 4 Personen

Aus welchen Stücken

Aus dem dicken Ende des Rinderfilets.

4 Filetsteaks, mindestens 2½ cm dick
1 Knoblauchzehe, gepreßt
Pfeffer aus der Mühle
Öl und Zitronensaft zum Bestreichen
30–50 g Öl zum Braten
Salz

Die Steaks trockentupfen, mit den Händen flach drücken und rund formen. Mit Knoblauch einreiben, mit Pfeffer würzen, mit Öl und Zitronensaft bestreichen. Mindestens 1 Stunde einziehen lassen. In einer Pfanne das Öl so weit erhitzen, daß es zischt, wenn man zur Probe eine Ecke des Steaks hineinhält. Die Steaks einlegen, auf jeder Seite mindestens 3 Minuten braten, erst jetzt salzen und sofort servieren.

Geeignete Beilagen

Junges Gemüse, Grilltomaten, Pommes frites, Folienkartoffeln, Kartoffelkroketten, Reis, Rahmsoßen, Pfeffersoße, Meerrettichsahne, Grillsoßen, Aïoli, Knoblauch- oder Kräuterbutter.

Weitere Verwendung

Kaum nötig.

Tips

- *Garprobe:* Gibt das Fleisch auf Druck leicht nach, sind die Steaks immer noch etwas rosa (medium), gibt es nicht mehr nach, sind sie durchgebraten (well-done).
- Lassen Sie sich beim Einkauf die Steaks vakuum verpacken, so reift das Fleisch noch nach. Die Steaks werden zart.

Vermeidbare Fehler

- Zu schwache Hitze beim Braten läßt Saft austreten.
- Niemals mit dem Spieß oder einer Gabel wenden, Saftverlust!
- Nicht zu frisches Fleisch kaufen, das noch rot ist, abgehangenes hat eine dunkel-rotbraune Farbe.
- Steaks nicht zu dünn schneiden.

Kalbsrahmbraten

Für 4–6 Personen

Aus welchen Stücken

Keule, Bug, Rücken, Nacken

1 kg Kalbfleisch
Salz, Salbei, Rosmarin
50 g Butterschmalz
1 Zwiebel, grob gehackt
1 Möhre, in dicke Scheiben geschnitten
¼ l Fleischbrühe
100 ml süße Sahne
1 TL Speisestärke
2–3 EL Weißwein

Das Kalbfleisch häuten und mit Salz, Salbei und Rosmarin einreiben. Das Butterschmalz in einem Bräter oder Eisentopf auf dem Herd erhitzen, das Fleisch mit der Zwiebel und der Möhre von allen Seiten anbraten. Etwas kochende Fleischbrühe aufgießen und in den auf 200 °C vorgeheizten Backofen geben. Das Fleisch während des Bratens mehrmals mit Sahne bestreichen und mit so viel Fleischbrühe aufgießen, daß der Bratensaft nicht anbrennt. Nach halber Bratzeit das Fleisch wenden und die andere Seite mit Sahne bestreichen und bräunen. Nach ca. 1–1½ Stunden das Fleisch aus dem Bräter nehmen und warm stellen.
Die Soße mit der restlichen Fleischbrühe aufkochen, mit dem Mixstab des Handrührgerätes pürieren, mit Speisestärke und Sahne binden und mit Weißwein abschmecken. Das Fleisch in Scheiben schneiden, auf eine Platte geben, mit etwas Sahnesoße begießen und heiß servieren.

Geeignete Beilagen

Reis, Semmelknödel, Spätzle, Bandnudeln, Rohkost, Blattsalate, feine Gemüse wie Erbsen, Möhren, grüne Bohnen.

Weitere Verwendung

Als Fertiggericht zum Tiefgefrieren geeignet.

Tips

▷ Kalbfleisch ist zartes, bekömmliches Fleisch und wird deshalb als Krankenkost bevorzugt.
▷ Wird die Soße püriert, können Zwiebel und Möhren in der Soße bleiben; die Soße bekommt eine cremige Beschaffenheit.

Vermeidbare Fehler

▷ Nicht zu stark braten, das Kalbfleisch würde seinen zarten, feinen Geschmack verlieren.
▷ Beim Kalbsrahmbraten keinen Pfeffer verwenden, die Soße sollte fein und mild schmecken.

Kalbfleisch gedünstet

Für 4–6 Personen

Aus welchen Stücken

Bug, Halsgrat, Schulter, Schlegel, Brust.

¾–1 kg Kalbfleisch
Salz
1 Knoblauchzehe, gepreßt
frische Kräuter, oder
je 1 Prise Basilikum, Salbei, Rosmarin, Liebstöckel
40–50 g Butterschmalz
1 Zwiebel, fein gehackt
Wurzelwerk, fein geschnitten
¼–⅜ l kochende Fleischbrühe
1 TL Speisestärke
1–2 EL saure Sahne

Das Kalbfleisch rasch unter fließendem Wasser waschen, mit Küchenkrepp abtupfen, salzen, mit Knoblauch und Kräutern einreiben. Das Butterschmalz in einem Topf auf dem Herd erhitzen, das Fleisch darin anbraten und Zwiebel und Wurzelwerk dazugeben. Mit wenig kochender Fleischbrühe seitlich aufgießen und im geschlossenen Topf ca. 1 Stunde bei mäßiger Hitze gar dünsten. Das Fleisch aus der Soße nehmen, zugedeckt etwa 5 Minuten warm stellen, dann in Scheiben schneiden.
Die Soße mit Speisestärke und saurer Sahne binden und mit dem Fleisch zusammen mit Zwiebel und Wurzelwerk auf einer heißen Platte servieren.

Geeignete Beilagen

Salzkartoffeln, Kartoffelbrei, Kartoffelknödel, Spätzle, Reis, Teigwaren, Gemüse oder Salate nach Belieben.

Weitere Verwendung

Als Fertiggericht zum Tiefgefrieren geeignet.

Tips

- ▷ Die Soße schmackhaft, aber mild abschmecken.
- ▷ Gedünstetes Kalbfleisch ist auch als Schonkost oder Krankenkost sehr gut geeignet.
- ▷ Bei diesem Gericht die Soße mit Wurzelwerk und Zwiebel servieren.

Vermeidbare Fehler

- ▷ Die Soße nicht zu braun werden lassen. Bei Bedarf immer wieder mit leichter Fleischbrühe aufgießen.

Kalbsgeschnetzeltes

Für 4–6 Personen

Aus welchen Stücken

Filet, Lende, Keule

500 g Kalbfleisch
1 Zwiebel
50 g Butterschmalz
10 g Mehl
Salz und Pfeffer
100 ml Weißwein
3 EL süße Sahne

Das Fleisch mit einem scharfen Messer in dünne Scheiben schneiden und dann in 2 cm breite Streifen. Die Zwiebel schälen und in feine Würfel schneiden. Das Butterschmalz in einem weiten Topf erhitzen und die Zwiebelwürfel darin unter ständigem Rühren goldgelb werden lassen. Das Mehl über das geschnittene Kalbfleisch stäuben und damit vermischen. Das Fleisch zu den Zwiebeln in die Pfanne geben und bei starker Hitze unter ständigem Rühren 2 Minuten braten.
Das Geschnetzelte salzen und pfeffern, mit dem Weißwein ablöschen und kurz aufkochen lassen. Die Sahne zufügen, nochmals abschmecken.

Geeignete Beilagen

Körniger Reis, Schweizer Rösti, Bandnudeln, Kopfsalat, Chinakohlsalat, Rohkost, Blattsalate.

Weitere Verwendung

Das Geschnetzelte kann als Fertiggericht tiefgefroren werden.

Tips

- ▷ Zum Geschnetzelten können auch Champignons verwendet werden.
- ▷ Je zarter das verwendete Fleisch ist, um so weicher wird das Geschnetzelte.
- ▷ Geschnetzeltes kann auch aus Schweinefilet oder Lende zubereitet werden.

Vermeidbare Fehler

- ▷ Das Fleisch nicht vorher salzen, sonst wird es zäh.
- ▷ Die Zwiebelwürfel nur goldgelb anrösten, sie werden sonst dunkel und dadurch bitter.

Kalbsfrikassee

Für 4–6 Personen

Aus welchen Stücken

Schulter, Brust, Halsgrat, Bug

¾–1 kg Kalbfleisch
50 g Butterschmalz
Salz
1 Zwiebel, grob gehackt
1 Möhre, ganz
1 Zitronenscheibe
etwas Salbei
¾ l Fleischbrühe

Soße

50 g Butterschmalz
1 Zwiebel, fein gehackt
1 Lorbeerblatt
1 Zitronenscheibe
einige Pfefferkörner
40 g Mehl
⅜–¼ l Dünstbrühe

Salz, 1 Prise Zucker
3 EL Weißwein
½ kleine Dose Champginons
100 ml süße Sahne
1 Eigelb

Das Kalbfleisch rasch unter fließendem kalten Wasser waschen und mit Küchenkrepp abtupfen. Das Butterschmalz in einem weiten Topf erhitzen, das Fleisch von allen Seiten lichtgelb anbräunen und salzen. Die Zwiebel, die Möhre, die Zitronenscheibe und etwas Salbei dazugeben und mitdünsten. Seitlich etwas Fleischbrühe aufgießen und im geschlossenen Topf in ca. ¾–1 Stunde weich dünsten. Das Fleisch aus der Brühe nehmen und etwas abkühlen lassen.
In einem weiteren Topf das Butterschmalz leicht erhitzen, die feingehackte Zwiebel, Lorbeerblatt, Zitronenscheibe und Pfefferkörner dazugeben, leicht köcheln lassen, von der Herdplatte nehmen. Die Gewürze wieder herausfischen, das Mehl dazugeben, mit dem Schneebesen gut abschlagen und mit der inzwischen abgekühlten Dünstbrühe ablöschen. Die Soße kurz aufkochen lassen.
Das Kalbfleisch in 2 × 2 cm große Würfel schneiden. Die Soße mit Salz, Zucker und Weißwein abschmecken, das gewürfelte Fleisch und die Champignons dazugeben. Das Frikassee kurz aufkochen, die Sahne mit dem Eigelb verrühren, zur Soße geben und nur noch warm halten, nicht mehr kochen. Das Frikassee in einer Schüssel oder feuerfesten Form servieren.

Geeignete Beilagen

Butterreis, Gemüsereis, Salzkartoffeln, Nudeln, Spätzle, feine Gemüse und Salate.

Weitere Verwendung

In größeren Mengen gekocht, kann Kalbsfrikassee in Portionen sehr gut tiefgefroren werden.

Tips

▷ Kalbsfrikassee kann auch mit Kapern abgeschmeckt werden.
▷ Auch gekochte Kalbszunge, in Würfelchen geschnitten, kann mitverwendet werden.
▷ Das Fett mit Zwiebel, Lorbeerblatt, Zitronenschale und den Pfefferkörnern glasig dämpfen, das hebt den Geschmack.

Vermeidbare Fehler

▷ Keine Einbrenne herstellen, schmeckt zu deftig für Kalbfleisch!
▷ Frikassee soll sämig sein, nicht zu dick und nicht wäßrig zubereiten.

Lammfleischgerichte

Lammbraten

Für 4 Personen

Aus welchen Stücken

Keule, Schulter, Rücken

1 kg Lammfleisch
2 Knoblauchzehen, gepreßt
Salz und Pfeffer
Thymian, Rosmarin
50 g Butterschmalz oder Öl
Wurzelwerk, fein geschnitten
1 große Zwiebel, grob gehackt
¼ l Fleischbrühe
100 ml saure Sahne
1 TL Mehl, mit 2–4 EL saurer Sahne angerührt,
oder 4 EL Crème fraîche

Das Fleisch unter fließendem kalten Wasser waschen und mit Küchenkrepp trockentupfen. Mit Knoblauch, Salz, Pfeffer, Thymian und Rosmarin einreiben. Das Fett in einem Bräter auf dem Herd erhitzen, das Fleisch mit Wurzelwerk und Zwiebel von allen Seiten anbraten. Etwas Fleischbrühe angießen und bei 220 °C im vorgeheizten Backofen ca. 1 Stunde braten. Während des Bratens das Fleisch mit saurer Sahne bestreichen und bräunen lassen, zwischendurch mit Bratensoße begießen. Das Fleisch ist gar, wenn sich der Knochen löst. Das Fleisch aus dem Bräter nehmen und warm stellen. Mit dem Mixstab des Handrührgerätes die Soße pürieren und mit dem angerührten Mehl oder Crème fraîche binden. Abschmecken und nochmals aufkochen lassen.

Geeignete Beilagen

Salzkartoffeln, Knoblauchkartoffeln, Folienkartoffeln, Knödel, Butterböhnchen, Möhren, Blattspinat, Rosenkohl.

Weitere Verwendung

Als Fertiggericht zum Tiefgefrieren geeignet.

Tips

▷ Lammfleisch immer heiß servieren.
▷ Lamm und Knoblauch passen gut zusammen.
▷ Zu Lammfleisch paßt sehr gut Rotwein.

Vermeidbare Fehler

▷ Beim Einkauf darauf achten, daß es Lamm- und nicht Hammelfleisch ist (der Geschmack ist milder).
▷ Da Lammfleisch meist etwas fett ist, dies bei der Zugabe von Bratfett berücksichtigen, sonst wird die Soße zu fett.

Lammkeule gedünstet

Für 4 Personen

Aus welchen Stücken

Keule, Schulter

750–1000 g Lammfleisch
Salz und Pfeffer
2 Knoblauchzehen, gepreßt
1 TL Thymian
50–100 g Butterschmalz oder Öl
1 große Zwiebel, grob gewürfelt
¼–½ l Fleischbrühe
125 ml saure Sahne
1 TL Speisestärke

Das Lammfleisch kurz unter fließendem kalten Wasser waschen und mit Küchenkrepp trockentupfen. Das Fleisch mit Salz, Pfeffer, Knoblauch und Thymian einreiben. Das Fett in einem Bräter oder Eisentopf erhitzen und das Fleisch von allen Seiten bei starker Hitze anbräunen. Die Zwiebel dazugeben und mitbräunen, bis sie goldgelb ist. Mit etwas Fleischbrühe aufgießen und bei schwacher Hitze 1–1½ Stunden zugedeckt dünsten, dabei das Lammfleisch einige Male mit saurer Sahne bestreichen. Während des Dünstens immer wieder seitlich etwas Fleischbrühe dazugießen. Den Braten nach Ablauf der Garzeit aus dem Topf nehmen und warm stellen.

Inzwischen die Soße mit dem Mixstab des Handrührgerätes pürieren. Die restliche saure Sahne mit der Speisestärke glattrühren, zur Soße geben und nochmals kurz aufkochen lassen, abschmecken. Das Fleisch tranchieren, auf eine vorgewärmte Platte geben, mit etwas Soße übergießen. Sofort heiß servieren.

Geeignete Beilagen

Butterböhnchen, Brokkoli, Blattspinat, Rosenkohl, verschiedene Salate, Salzkartoffeln, Kartoffelbrei, Kartoffelkroketten, Knoblauchbrot, Knoblauchkartoffeln, gratinierte Kartoffeln.

Weitere Verwendung

Gedünstetes Lammfleisch kann sehr gut als Fertiggericht tiefgefroren werden.

Tips

- ▷ Lammfleisch mit Knoblauch würzen.
- ▷ Heiß servieren, da das Fett bei normaler Temperatur fest und brüchig wird und dann unangenehm schmecken kann.
- ▷ Am besten Mastlammfleisch verwenden, da dieses von Stall- oder Weidemastlämmern ist, die nicht älter als 12 Monate sind.
- ▷ Das Fett ist weiß.

Vermeidbare Fehler

- ▷ Nicht lauwarm oder kalt servieren!
- ▷ Beim Dünsten Fett sparen, da Lammfleisch ohnehin meist genügend Fett in sich hat.

Lammkoteletts

Für 4 Personen

Aus welchen Stücken

Lammrücken

10–12 Lammkoteletts
2–3 Knoblauchzehen, gepreßt
1 TL Thymian
Salz und Pfeffer
4 EL Öl

Die Lammkoteletts am dicken Ende etwa 2–3 cm vom Knochen lösen und leicht klopfen. Mit Knoblauch, Thymian, Salz und Pfeffer einreiben, mit Öl bestreichen und einige Stunden im Kühlschrank, mit Folie abgedeckt, ziehen lassen. Die Koteletts in der Pfanne in wenig heißem Öl (siehe Vermeidbare Fehler) auf jeder Seite 3 Minuten scharf braten.

Geeignete Beilagen

Pommes frites, Stangenweißbrot, Knoblauchmayonnaise, grüne Bohnen, verschiedene Salate.

Tips

▷ Die Koteletts müssen nicht eingelegt werden, aber sie schmecken eingelegt wesentlich besser und werden saftiger und zarter.
▷ Lammkoteletts können auch aus Lammrückenscheiben gebraten werden.

Vermeidbare Fehler

▷ Vorsicht beim Braten, das Fett kann durch die große Hitze stark spritzen. Brandgefahr!
▷ Nach dem Einlegen in Öl sollte kein zusätzliches Öl zum Braten verwendet werden.
▷ Alle Beilagen vor dem Braten zubereiten, da Lammkoteletts sofort heiß serviert werden müssen.

Geflügelgerichte

Hähnchen, in Hälften gebraten

Für 4–6 Personen

1–2 Brathähnchen, je 1000–1300 g
Salz und Pfeffer
½ TL Paprikapulver
2 EL Öl

Die Brathähnchen mit der Geflügelschere oder mit einem großen Messer am Brustbein und am Rücken entlang halbieren. Innen und außen salzen und pfeffern. Paprika und Öl verrühren, mit dem Küchenpinsel die Hälften damit bestreichen. Die Hähnchenhälften mit der Hautseite nach oben in eine Bratpfanne oder auf ein Backblech legen und in den auf 250 °C vorgeheizten Backofen schieben. Nach 15 Minuten die Haut mit dem inzwischen angesammelten Bratenfond in Abständen von ¼ Stunde bestreichen. Die Hähnchen insgesamt ¾ Stunde braten.

Geeignete Beilagen

Pommes frites, Kartoffelsalat, Salzkartoffeln, Petersilienkartoffeln, Blattsalate, Rohkostsalate.

Weitere Verwendung

Zu Geflügelsalat, Hühnerfrikassee.

Tips

▷ Hähnchen, in Hälften gebraten, werden durch die kürzere Garzeit saftiger.
▷ Der Bratenfond kann auch als Soße verwendet werden.

Vermeidbare Fehler

▷ Durch zu langes Braten wird das Brustfleisch trocken.
▷ Während der Bratzeit nicht aufgießen, weil durch den Aufgußdampf die Haut nicht knusprig wird.

Hühnerfrikassee

Für 4–6 Personen

1 Suppenhuhn oder Poularde (nach Belieben auch 2–3 Putenschlegel)
Salz
1 Zwiebel
1 Bund Petersilie

Soße

60 g Butterschmalz
80 g Mehl
¼ l kalte Brühe oder Wasser
⅛ l Weißwein
1 Messerspitze weißer Pfeffer
Salz
1 EL Zitronensaft
250 g Champignons aus der Konserve, ganz oder in Scheiben geschnitten
250 g Spargelstücke aus der Konserve
125 ml Sahne
1 Eigelb

Das Geflügelfleisch kalt waschen. Salzwasser zum Kochen aufstellen und das Fleisch, Zwiebel und Petersilie dazugeben. Das Fleisch je nach Tierart ¾–2 Stunden leise kochen, bis es sich vom Knochen löst. Die Brühe abseihen und das Fleisch etwas abkühlen lassen.
Für die Soße das Butterschmalz erhitzen, das Mehl dazugeben und anschwitzen lassen. Den Topf vom Herd nehmen und die Schwitze mit der kalten Brühe oder Wasser ablöschen und kräftig mit dem Schneebesen durchschlagen, bis die Masse cremig wird. Den Wein, Pfeffer, Salz und Zitronensaft dazugeben und einmal aufkochen lassen. Die Champignons abgießen und dazugeben. Die Spargelstücke mit dem Saft dazugeben, die Soße aufkochen und fein säuerlich abschmekken.
Das Fleisch von den Knochen lösen und schräg zur Faser in 1 × 6 cm lange Streifen schneiden. Zur Soße geben und kurz vor dem Servieren nochmal erhitzen. Die Sahne mit dem Eigelb verschlagen und die Soße damit legieren (nicht mehr kochen!).

Geeignete Beilagen

Reis, evtl. Nudeln oder Salzkartoffeln, Kopfsalat, verschiedene Blattsalate.

Weitere Verwendung

Die Brühe vom Kochen des Geflügels kann als klare Bouillon verwendet oder auf Vorrat tiefgefroren werden. Fertiges Hühnerfrikassee kann sehr gut tiefgefroren werden.

Tips

▷ Alte Suppenhühner lange genug kochen, damit das Fleisch nicht zäh ist.

▷ Das fertige Gericht kann im Wasserbad warm gehalten werden.

Vermeidbare Fehler

▷ Nach der Fertigstellung nicht mehr umrühren, weil das Fleisch sonst in zu kleine Teile zerfällt.

▷ Nach dem Legieren nicht mehr kochen, sonst gerinnt das Eigelb, die Soße flockt aus.

Pute gebraten

Für ca. 8 Personen

1 Pute (3 kg)
Salz und Pfeffer
50–100 g heiße Butter
½ l Fleischbrühe
evtl. 1 EL Speisestärke

Die Pute kurz unter fließendem kalten Wasser waschen, mit Küchenkrepp abtupfen, außen mit Salz einreiben und innen mit Salz und Pfeffer ausstreuen. Mit der Brustseite nach unten in die Fettpfanne legen und mit heißer Butter bestreichen. Die Pute in den auf 220 °C vorgeheizten Backofen schieben und anbraten. Sobald der Bratensaft verdampft ist, etwas Fleischbrühe aufgießen. Nach ca. 1½ Stunden die Pute wenden und auch die Brustseite bräunen, einige Male mit heißer Butter bestreichen, damit die Haut knusprig wird, und bei 190–200 °C fertigbraten. Die Bratzeit beträgt 2½–3 Stunden.

Die Pute herausnehmen und warm halten. Den Bratensatz von der Fettpfanne ablösen und mit der restlichen Brühe aufkochen, nach Belieben mit Speisestärke binden.

Geeignete Beilagen

Semmelknödel, Serviettenknödel, halbseidene Kartoffelknödel, Kartoffelsalat, feine Kartoffelgerichte, verschiedene Salate, feine Gemüse.

Weitere Verwendung

Zu Geflügelsalat, als kalter Braten.

Tips

▷ Für kleinere Familien kann eine halbe Pute gebraten werden (die andere Hälfte einfrieren). Die Bratzeit verkürzt sich um ein Drittel der Zeit.

▷ Die Pute wird im geschlossenen Bräter oder Topf saftiger.

Vermeidbare Fehler

▷ Geflügel nicht zu lange braten, das Brustfleisch wird zu trocken.

Putenschnitzel mit Fruchtsoße

Für 4 Personen

Aus welchen Stücken

Putenbrust

4 Putenschnitzel, ca. 1 cm dick
Salz und Pfeffer
1 Knoblauchzehe, gepreßt
Mehl zum Wenden
50–80 g Butterschmalz

Soße

⅛ l Fleischbrühe
1 TL Curry
2 EL Weißwein
2 EL Ananassaft
2 EL Mandarinensaft
100 g Crème fraîche oder Schmand
150 g geschälte Mandarinen aus der Konserve
1 TL Speisestärke

Die Putenschnitzel leicht klopfen, salzen und pfeffern, mit Knoblauch einreiben und in Mehl wenden. Das Butterschmalz in einer Bratpfanne erhitzen und die Schnitzel darin von jeder Seite ca. 2 Minuten goldbraun braten, warm stellen.
Den Bratenfond mit der Fleischbrühe ablöschen, Curry, Weißwein, Ananas- und Mandarinensaft, Crème fraîche und die Mandarinenstücke dazugeben. Die Soße mit Speisestärke binden und nochmals kurz aufkochen lassen.
Die warmgestellten Schnitzel mit der fertigen Soße vor dem Servieren übergießen.

Geeignete Beilagen

Butterreis, Möhren- und Erbsengemüse, Kopfsalat, Brokkoli.

Weitere Verwendung

Als Fertiggericht zum Tiefgefrieren geeignet.

Tips

- ▷ Putenschnitzel ganz kurz braten, damit sie zart bleiben.
- ▷ Falls die Putenbrust tiefgefroren verwendet wird, die Schnitzel schneiden, wenn das Fleisch noch etwas gefroren ist. Dadurch tritt kein Fleischsaft aus.
- ▷ Die Brustspitzen und Abschnitte können sehr gut als Geschnetzeltes verwendet werden.

Vermeidbare Fehler

- ▷ Da der Eigengeschmack des Fleisches sehr schwach ist, sollten zu Putenschnitzel kräftig abgeschmeckte Soßen zubereitet werden.

Ente, natur gebraten

Für 4 Personen

Geeignet

Mastente, Flugente, Wildente

1 Ente, ca. 1½ kg
Salz und Pfeffer
1 Zwiebel, gehackt
1 Bund Petersilie, gehackt
¼ l Fleischbrühe
1 TL Speisestärke

Die Ente innen und außen salzen und pfeffern und möglichst einige Stunden durchziehen lassen. Zwiebel und Petersilie in den Bauch der Ente füllen. Die Ente mit der Brustseite nach unten in einen Bräter legen, die Fleischbrühe dazugeben und zugedeckt in den auf 250 °C vorgeheizten Backofen geben. Eine Frühmastente ¾–1 Stunde, eine Flug- oder Wildente je nach Alter bis 1½ Stunden braten. Nach ¾ Stunde Bratzeit die Ente auf den Rücken legen und ohne Deckel noch solange braten, bis sich das Fleisch von den Knochen löst. Die Ente kann auch nach dem Braten in der Mitte geteilt, auf die Innenseite gelegt und 5–10 Minuten gegrillt werden.

Geeignete Beilagen

Rohe Klöße, Semmel- und Serviettenknödel, Kartoffeln, Blaukraut (Rotkohl), Sellerie- und Rote-Bete-Rohkost.

Tips

▷ Über Nacht würzen, hebt den Geschmack des Fleisches.

▷ Ist die Soße zu fett, das Fett schon während des Bratens abschöpfen.

▷ Die Soße mit dem Mixstab des Handrührgerätes pürieren. Das Fett wird durch das Emulgieren leichter verdaulich.

▷ Durch Braten im geschlossenen Topf wird der Braten saftiger.

Vermeidbare Fehler

▷ Durch zu langes Braten oder zu schwache Hitze im Backofen trocknet Geflügelfleisch aus.

Gänsebraten

Für 8 Personen

1 Gans, ca. 4 kg
Salz und Pfeffer
1 Messerspitze Beifuß
1 Bund Petersilie
Wurzelwerk, grob zerteilt
1 Zwiebel, grob gehackt
½–¾ l heiße Fleischbrühe
5 EL Bier

Die Gans kurz unter fließendem kalten Wasser waschen und mit Küchenkrepp trockentupfen. Innen salzen und pfeffern, mit Beifuß einreiben, in den Bauch Petersilie, Wurzelwerk und Zwiebeln stecken, außen salzen und über Nacht ruhen lassen. Mit der Brustseite nach unten in die Fettpfanne legen und etwa ½ l kochende Fleischbrühe zugießen. Die Gans bei 200–210 °C in den vorgeheizten Backofen schieben und ½ Stunde geschlossen braten, damit das Fett ausbraten kann, evtl. Keule und fette Stellen mit einer Gabel einstechen, damit das Fett austreten kann.

Das gesamte ausgetretene Fett mit der Bratenflüssigkeit abgießen, die restliche Fleischbrühe aufgießen, dann offen weiterbraten. Mehrmals mit der Fleischbrühe übergießen. Nach ca. 1–1½ Stunden die Gans wenden und wieder mehrmals mit dem Bratenfond begießen. Nach ca. 2–2½ Stunden die Gans wenden (Brustseite nach oben), mit Bier bepinseln und bei 240–250 °C ca. 10 Minuten überbräunen, damit die Haut schön knusprig wird.
Den Bratensatz mit einer Backschaufel vom Bräter lösen und die Soße durchseihen und so servieren oder mit wenig Speisestärke binden, dann darf die Soße aber nicht zu fett sein.

Geeignete Beilagen

Semmelknödel, Reibeknödel (Kartoffelklöße), Blaukraut (Rotkohl), Kartoffelsalat, Endiviensalat, Rosenkohl, Chinakohl, Sellerierohkost.

Weitere Verwendung

Für Geflügelsalat, als kalter Braten.

Tips

- ▷ Frühzeitiges Würzen hebt den Geschmack.
- ▷ Die Gans sollte über Nacht gewürzt liegen.
- ▷ Wird die Gans gefüllt, so verlängert sich die Bratzeit mindestens um ¼ Stunde.
- ▷ *Mögliche Füllung:* Semmelfüllung, Apfelfüllung mit Zwiebeln, Maronenfüllung.
- ▷ Nach Belieben kann die Soße mit etwas Speisestärke gebunden werden.

Vermeidbare Fehler

- ▷ Eine große Gans kann 3–3½ Stunden Garzeit benötigen, deshalb früh genug den Backofen vorheizen.
- ▷ Wird die Soße gebunden, muß vorher das Fett abgeschöpft werden, da es sich bei großer Hitze zersetzt. Passiert es doch, kann die Soße mit dem Mixstab des Handrührgerätes wieder emulgiert werden.

Geflügel-Vorspeisensalat

Für 4 Personen

300 g gegartes Hühnerfleisch
100 g Champignons aus der Dose
1 Orange, geschält
100 g tiefgekühlte Erbsen

Soße

2 Becher Joghurt
2 EL saure Sahne
1 TL Curry
etwas Zitronensaft
Salz und Pfeffer
1 Prise Zucker
1 Messerspitze gemahlener Ingwer

Das Hühnerfleisch häuten und in 2 × 2 cm große Würfel schneiden. Die Champignons in Scheiben und die Orange in kleine Stücke schneiden. Alles zusammen mit den in wenig Wasser gegarten, abgekühlten Erbsen vermischen.
Aus Joghurt und saurer Sahne eine Soße rühren und mit den Gewürzen pikant abschmecken. Über den Salat gießen und vorsichtig durchheben.

Geeignete Beilagen

Alle Brotsorten.

Weitere Verwendung

Nicht möglich.

Tip

▷ Reste von Geflügelbraten können gut verwendet werden.

Vermeidbare Fehler

▷ Das Fleisch von gekochtem Huhn muß gehäutet werden!

Geflügel-Käse-Salat

Für 4 Personen

400 g gegartes Hühnerfleisch
200 g Emmentaler
2 Scheiben Ananas
100 g tiefgekühlte Erbsen
einige Weintrauben zum Garnieren

Kräutermayonnaise

1 Eigelb
2 TL Senf
Salz
½ TL Zucker
1 EL Zitronensaft
⅛ l Speiseöl
2 EL gehackte Kräuter

Das Hühnerfleisch in 2 × 2 cm große Würfel, den Käse in feine, 3 cm lange Streifen, die Ananas in kleine Stücke schneiden. Die Erbsen sehr kurz in wenig Wasser gar kochen und auskühlen lassen.
Das Eigelb mit Senf, Salz, Zucker und Zitronensaft so lange im Mixer oder mit dem Mixstab des Handrührgerätes schlagen, bis eine dicke Masse entstanden ist. Das Speiseöl ganz langsam in die Masse einlaufen lassen. Die Kräuter dazugeben. Die Kräutermayonnaise mit den übrigen Zutaten vermischen. Den Salat mit den Weintrauben garnieren.

Geeignete Beilagen

Verschiedene Brotsorten.

Weitere Verwendung

Nicht möglich.

Tips

▷ Tiefgekühlte Erbsen behalten eine schöne grüne Farbe.
▷ Sollte die Mayonnaise beim Mixen gerinnen, so kann sie zu neuer Mayonnaise langsam dazugegeben werden.

Vermeidbare Fehler

▷ Geflügelsalat sollte lange genug (ca. 1 Stunde) durchziehen.

Wild- und Wildgeflügelgerichte

Reh- oder Hirschbraten

Für 4–6 Personen

Aus welchen Stücken

Schulter, Schlegel (Keule)

1 kg Wildfleisch, Salz und Pfeffer
50 g Butterschmalz
1 Zwiebel, grob gehackt
5 Pfefferkörner, 5 Wacholderbeeren
3 Pimentkörner, 2–3 Lorbeerblätter
⅛–¼ l Fleischbrühe, evtl. gekörnt
75 ml Sahne

Soße

1 EL Speisestärke
1 EL Preiselbeeren
2 Backpflaumen
100 ml süße Sahne, geschlagen
1 Messerspitze gemahlene Wacholderbeeren

Das Fleisch ganz rasch kalt abwaschen und mit Küchenkrepp abtupfen, salzen und pfeffern. Das Butterschmalz in einem Bräter erhitzen, das Fleisch dazugeben und von allen Seiten gut anbräunen. Die Zwiebel, Gewürzkörner und die Lorbeerblätter dazugeben und mit der Fleischbrühe aufgießen. Deckel auflegen und in den auf 220 °C vorgeheizten Backofen geben. Ca. alle 20 Minuten mit der Sahne bestreichen. Je nach Alter und Art des Tieres 1–2½ Stunden braten und dabei immer wieder begießen.
Das Fleisch aus dem Bräter nehmen, warm halten.
Die Soße durch ein Haarsieb streichen. Mit der Speisestärke binden, Preiselbeeren und Backpflaumen dazugeben. Kurz vor dem Servieren die geschlagene Sahne mit den gemahlenen Wacholderbeeren zur Soße geben, mit dem Schneebesen locker unterheben.

Geeignete Beilagen

Spätzle, Salzkartoffel, rohe Klöße, Blaukraut (Rotkohl), Möhrengemüse, Erbsengemüse, Rosenkohl, Rotwein als Getränk.

Weitere Verwendung

Als fertiges Gericht mit der Soße sehr gut zum Tiefgefrieren geeignet. Falls keine Soße übrigbleibt, den Braten für Wildsalat verwenden.

Tips

- ▷ Das Wildfleisch reift in der Gefriertruhe am besten (mindestens ¼ Jahr einfrieren). Der Geschmack wird dadurch milder.
- ▷ Sehr junges Fleisch braucht eine kürzere Garzeit, während älteres Wildfleisch bis zu 2½ Stunden brauchen kann. In jedem Fall muß sich der Knochen vom Fleisch leicht lösen.
- ▷ 1 EL gute Butter, in die fertige Soße gerührt, verfeinert den Geschmack.

Vermeidbare Fehler

- ▷ Nicht ohne Deckel braten, da das Fleisch trocken wird.
- ▷ Nicht zu scharf anbraten, da die Soße sonst bitter schmeckt.

Hirsch- oder Rehschnitzel

Für 4 Personen

Aus welchen Stücken

Rehkeule, Hirschkeule oder -rücken

4 Schnitzel
50–100 g roher Speck (in 3 cm lange, ½ cm breite Streifen geschnitten)
Salz und Pfeffer
½ TL Wildgewürz, gemahlen
1–2 TL Mehl
50 g Butter
125 ml saure Sahne
1 TL Speisestärke

Das Fleisch kurz unter fließendem kalten Wasser waschen und mit Küchenkrepp trockentupfen. Leicht klopfen und jedes Schnitzel ca. 6mal mit einer Spicknadel spicken. Die Schnitzel salzen und pfeffern, mit Wildgewürz einreiben und mit etwas Mehl bestäuben. Die Butter in einer Pfanne erhitzen. Mit der Seite, auf der man gespickt hat, nach unten die Schnitzel in die heiße Butter legen, kurz stark anbräunen, wenden und die andere Seite zugedeckt goldbraun braten. Inzwischen in einem Schüttelbecher Sahne und Speisestärke kräftig vermischen, in die Pfanne gießen, hellbraun anlaufen lassen und sofort servieren.

Geeignete Beilagen

Spätzle, Salzkartoffeln, Petersilienkartoffeln, Pfifferlinge, Preiselbeeren, Blaukraut (Rotkohl), Orangenscheiben mit Kräuterbutter.

Weitere Verwendung

Als Fertiggericht zum Tiefgefrieren geeignet.

Tips

- ▷ Zarte Schnitzel erhält man nur von jungen Tieren.
- ▷ Hirschfleisch über Nacht in Buttermilch einlegen (zieht auch ⅔ des Becquerelwertes aus dem Fleisch).
- ▷ Spicken kann man auch mit einem spitzen Messer. Die Schnitzel können jedoch auch ungespickt gebraten werden.
- ▷ Der Speck muß von oben nach unten und wieder nach oben durchgezogen werden.

Vermeidbare Fehler

- ▷ Saure Sahne immer mit etwas Speisestärke klumpenfrei verrühren, da dadurch die Sahne nicht gerinnt und die Soße cremiger wird.

Hasenschlegel in Rahmsoße

Für 4–6 Personen

2 Hasenschlegel (evtl. ausgelöst und gebunden)
Salz und Pfeffer
Wacholderbeeren, zerdrückt
40–60 g Butterschmalz
¼ l Fleischbrühe
⅛ l saure Sahne
3–4 EL herber Rotwein
1 TL Speisestärke, mit ⅛ l saurer Sahne angerührt

Das Fleisch mit einem feuchten Tuch abwischen und vorsichtig häuten. Die

Schlegel mit Salz, Pfeffer und Wacholderbeeren einreiben. Das Butterschmalz in einem Bräter oder Eisentopf auf der Herdplatte erhitzen. Die Hasenschlegel von allen Seiten goldbraun anbraten, mit etwas Fleischbrühe aufgießen und mit etwas saurer Sahne bestreichen. Den Topf mit dem Deckel schließen und in den auf 210–230 °C vorgeheizten Backofen schieben.
Den Braten 3–4 mal mit saurer Sahne bestreichen und evtl. Fleischbrühe nachgießen. Wenn die Hasenschlegel gar sind, aus dem Topf nehmen und warm stellen.
Den Rotwein und die angerührte Speisestärke zum Bratenfond geben und zu einer cremigen Soße verrühren.
Das Fleisch in Scheiben schneiden, etwas Soße darübergeben und servieren.

Geeignete Beilagen

Spätzle, Kartoffelkroketten, Salzkartoffeln, Blaukraut (Rotkohl), Preiselbeeren, Bratäpfel, gedünstete Pfifferlinge, Möhrengemüse, Erbsengemüse.

Weitere Verwendung

Als Fertiggericht einfrieren.

Tips

▷ Fleisch von älteren Tieren legt man vor dem Braten einige Tage in Beize.
▷ Durch vorheriges rasches Anbraten auf der Herdplatte werden die Poren geschlossen (das Fleisch bleibt saftiger).
▷ Wird der Knochen nicht ausgelöst, muß das Fleisch so gar sein, daß dieser sich vom Fleisch löst.
▷ Rohe, ausgelöste Hasenschlegel zusammenbinden (ergibt schönere Stücke beim Schneiden).
▷ Durch Zugabe der mit saurer Sahne angerührten Speisestärke gerinnt die Soße nicht.

Vermeidbare Fehler

▷ Das Fleisch nicht ohne Deckel braten, weil es sonst zäh und trocken wird.

Wildschweinbraten

Für 4–6 Personen

Aus welchen Stücken

Rücken oder Keule

1–1½ kg Wildfleisch
Salz und Pfeffer
1 Knoblauchzehe, gepreßt
Wacholderbeeren, zerdrückt
(evtl. mit Wildgewürz zusätzlich leicht einreiben)
40 g Butterschmalz
50 g Speckscheiben
Wurzelwerk, grob geschnitten
1 Zwiebel, 1 Lorbeerblatt
¼ l Fleischbrühe
⅛ l herber Rotwein
1 TL Speisestärke
200 ml saure Sahne
1 EL Preisel- oder Johannisbeeren

Das Fleisch kalt waschen und mit Küchenkrepp trockentupfen. Mit Salz, Pfeffer, Knoblauch und Wacholderbeeren einreiben. In einem Bräter oder Eisentopf das Butterschmalz erhitzen und das Fleisch von allen Sei-

ten anbraten, dann mit Speckscheiben belegen. Das Wurzelwerk, die Zwiebel und das Lorbeerblatt dazugeben. Den Braten mit der Hälfte der Fleischbrühe übergießen, den Deckel auflegen und in den auf 220 °C vorgeheizten Backofen geben. Wenn der Bratensaft verdampft ist, mit etwas heißer Brühe unn Rotwein aufgießen. Das Fleisch während des Bratens mehrmals mit Bratensoße übergießen. Den Braten in ca. 1–1½ Stunden garen, nach halber Garzeit die Speckscheiben abnehmen. Das Fleisch aus dem Topf nehmen und warm stellen.
Den Bratenfond durch ein Sieb streichen. Die Soße mit Speisestärke, in etwas saurer Sahne angerührt, binden und mit der restlichen sauren Sahne und den Preiselbeeren abschmecken.

Geeignete Beilagen

Semmelknödel, rohe Kartoffelknödel, gekochte Kartoffelknödel, halbseidene Kartoffelknödel, Serviettenknödel, Salzkartoffel, Sauerkraut, verschiedene Salate.

Weitere Verwendung

Als kalter Braten, als Fertiggericht tiefgefroren, zu Fleischsalat.

Tips

- ▷ Frühzeitiges Würzen hebt den Geschmack.
- ▷ Fleisch von älteren Tieren vor dem Braten einige Tage in Rotweinbeize legen.

Vermeidbare Fehler

- ▷ Fleisch mit Speckscheiben abdekken, sonst wird es trocken.

Gerichte aus Milch, Milchprodukten, Eiern

Dickmilch

1 l frische Milch, auch Vorzugsmilch
2 EL Buttermilch oder Sauermilch

Die rohe Milch mit der Buttermilch oder Sauermilch verschlagen und in kleine Weidlinge (weite Tonschalen) füllen, leicht zudecken und an einem warmen, jedoch nicht sonnigen Ort der Säuerung überlassen. Der Vorgang dauert 1½–2 Tage. Die Dickmilch ist fertig, wenn die ganze Milch gallertartig fest geworden ist.

Geeignete Beilagen

Folien- oder Ofenkartoffeln, frisch gebackenes Brot.

Tips

- ▷ Dick gewordene Milch einige Stunden vor Gebrauch kalt stellen.
- ▷ Wird Dickmilch verquirlt, kann sie als Erfrischungsgetränk getrunken werden.

Vermeidbare Fehler

- ▷ Nicht völlig gesäuerte Milch oder zu alte Dickmilch sind unbekömmlich und für den Verzehr nicht geeignet.
- ▷ Nicht an einen sonnigen Platz stellen, da sonst Schimmelpilze entstehen.

Saure Milchsuppe

Für 4 Personen

½ l Vollmilch
5 EL Wasser
3 EL Mehl
½ l Buttermilch
125 ml süße Sahne
125 ml saure Sahne
Salz

Die Vollmilch langsam zum Kochen bringen. Währenddessen das Wasser mit dem Mehl in einem Schüttelbecher gut durchschütteln, zur Buttermilch geben und mit beiden Sahnesorten vermischen. Sobald die Vollmilch kocht, das Sauermilchgemisch dazugeben und mit dem Schneebesen so lange tüchtig durchrühren, bis die Milchsuppe kocht. Mit Salz gut abschmecken.

Geeignete Beilagen

Frisches, knuspriges Graubrot in Stücken als Einlage, Ofenkartoffeln, Folienkartoffeln.

Tips

▷ Jegliche Sauermilchprodukte grundsätzlich mit Mehl binden, da sie sonst ausflocken.
▷ Sollte die Sauermilchsuppe dennoch flockig werden, kann man sie mit dem Mixstab des Handrührgerätes wieder cremig mixen.

Vermeidbare Fehler

▷ Die Buttermilch nicht zuerst aufkochen, da sie sonst gerinnt.

Kaiserschmarrn

Für 4 Personen

200 g Mehl
8 Eier
ca. 400 ml Milch
Salz
150–250 g Butter zum Backen
ca. 80 g Rosinen

Das Mehl gesiebt in eine Schüssel geben. Die Eier trennen und das Eiweiß steif schlagen.
Die Milch, Salz und die Eigelbe langsam zum Mehl geben und gut durchrühren, bis der Teig sämig ist. Den Eischnee unterheben. Die Butter erwärmen und ca. 2 EL in eine Pfanne geben, erhitzen. Den Teig 1 cm hoch mit dem Schöpflöffel in der Pfanne verteilen, eine Seite goldgelb backen und die Oberseite mit ca. 1 EL Rosinen bestreuen, danach wenden. Mit der Backschaufel den Fladen in 3 x 6 cm große Rechtecke zerstoßen und den Kaiserschmarrn bei ca. 50–80 °C warm stellen.
Die restliche Teigmasse ebenso fertigbacken, warm stellen und anschließend sofort servieren.

Geeignete Beilagen

Verschiedene Kompotte wie Birnen, Pfirsiche, Äpfel, Ananas oder Apfelmus.

Tips

▷ Kaiserschmarrn schmeckt am besten frisch aus der Pfanne.

Vermeidbare Fehler

▷ Nicht zu dunkel backen.

Holländische Buttersoße

¼ l kalte Fleischbrühe
20 g Speisestärke
Salz, 1 Prise weißer Pfeffer
1 TL Zitronensaft
1 Prise Zucker
1 EL Weißwein
50 g kalte Butter
2–3 Eigelb
2–3 EL süße Sahne, evtl. geschlagen

Die Hälfte der Fleischbrühe zum Kochen bringen, die Speisestärke mit der restlichen Fleischbrühe verquirlen, durch ein Haarsieb in die kochende Flüssigkeit eingießen, mit dem Schneebesen abschlagen und kurz aufpuffen lassen. Mit Salz, Pfeffer, Zitronensaft, Zucker und Weißwein abschmecken, von der Herdplatte nehmen und etwas abkühlen lassen. Sehr kalte Butterflocken abwechselnd mit den verquirlten Eigelben nach und nach unterschlagen. Die ungesüßte Sahne, evtl. geschlagen, vor dem Anrichten unterziehen. Die Buttersoße nochmals abschmecken und über frisch gekochtes Gemüse geben.

Verwendung

Zu Blumenkohl, Brokkoli, Spargel und Schwarzwurzeln. Auch für Fleisch-, Fisch- und Reisgerichte geeignet.

Tips

▷ Die angerührte Speisestärke, sofort in die kochende Fleischbrühe eingerührt, erspart sehr viel Zeit. Die Soße ist schneller zubereitet.

▷ Die Butter wird im Gefrierfach sehr schnell kalt, die Buttersoße dadurch cremiger.

Vermeidbare Fehler

▷ Die Soße muß cremeartige Beschaffenheit haben, darf nicht gerinnen und nicht lange stehen, sondern muß sofort serviert werden. Daher erst kurz vor Verwendung herstellen.

▷ Eigelb nicht in die kochende Soße geben, da es sonst gerinnt.

Eierkuchen
Pfannkuchen

Für 4–6 Personen

250–300 g Mehl, Salz
4 ganze Eier
½–¾ l Milch
60–80 g Backfett

Das Mehl in eine tiefe Schüssel geben und salzen. In die Mitte eine Mulde drücken. Die Eier und die Milch nach und nach von der Mitte aus mit dem Rührbesen des Handrührgerätes so lange unter das Mehl rühren, bis der Teig ziemlich dünnflüssig ist.
Das Backfett separat in einem Schnabeltopf erhitzen, bis es flüssig ist.
In der Stielpfanne 1 EL Fett sehr gut erhitzen und mit einem kleinen Schöpflöffel Pfannkuchenteig ganz dünn auf dem Boden der Pfanne verteilen. Die Pfanne dabei schwenken, damit der Teig gleichmäßig verlaufen kann. Goldgelb backen.
Mit der Backschaufel den Teigrand lösen und den Pfannkuchen wenden.
Die gebratenen Pfannkuchen auf einem vorgewärmten Teller stapeln, bis alle gebacken sind. Im 50–80 °C heißen Backofen warm stellen.

Geeignete Beilagen

Kompotte, Marmelade, Vanillesoße, Zucker.

Weitere Verwendung

Als Palatschinken, Reste in feine Streifen schneiden für Flädle (Pfannkuchensuppe).

Tips

- ▷ Kalorienbewußte tragen das Fett in der Pfanne mit einem Pinsel auf.
- ▷ Läßt man den angerührten Teig 2–3 Stunden ruhen, lassen sich die Pfannkuchen sehr dünn backen.
- ▷ Mit dem Schnabeltopf kann das Fett, ohne zu tropfen, in die Pfanne gegeben werden.

Vermeidbare Fehler

- ▷ Für den Teig niemals die Milch vor dem Mehl und den Eiern in die Schüssel geben, da der Teig sonst klumpt.
- ▷ Die ersten Pfannkuchen nicht in die nur leicht erwärmte Pfanne geben, da sie sich sonst ansetzen. Die Pfanne muß heiß sein.

Pikanter Eiersalat

Für 4 Personen

4 Eier
300 g tiefgekühlte Erbsen
1 Bund Schnittlauch

Soße

200 g Salatmayonnaise (50% Fett)
1 Messerspitze Curry
1 Messerspitze Salz
Pfeffer

Die Eier in kochendes Wasser geben, 10 Minuten leise kochen lassen, herausnehmen und kalt abschrecken. Die Erbsen kurz in kochendes Salzwasser geben, abseihen und kalt überbrausen. Den Schnittlauch waschen und in 2 mm breite Röllchen schneiden.
Die Mayonnaise mit Curry verrühren, salzen, pfeffern und abschmecken.
Die Eier schälen und mit dem Eierschneider oder von Hand in Scheiben schneiden und auf einem Dessertteller blütenförmig auslegen. Die Erbsen, die abgeschmeckte Mayonnaise und den Schnittlauch kurz verrühren und in die Mitte des Tellers geben.

Geeignete Beilagen

Toastbrot, Kopfsalat.

Tips

- ▷ Unter fließendem Wasser oder nach vorherigem Rollen in der hohlen Hand lassen sich Eier leichter schälen.
- ▷ Dieser Salat kann sehr gut als Vorspeise verwendet werden.
- ▷ Tiefgefrorene Erbsen bleiben in der Farbe schön grün.

Vermeidbare Fehler

- ▷ Keine ganz frischen Eier verwenden, sie lassen sich schlecht schälen.
- ▷ Erbsen beim Blanchieren nicht zudecken, sie werden sonst gräulich.

Käsespätzle

Für 4–6 Personen

50–100 g Butterschmalz
1–2 Zwiebeln, fein gehackt
ca. 5 l Salzwasser (½ TL Salz)

250–375 g Mehl
4–6 Eier
½ TL Salz
ca. ⅛ l Wasser

1 TL Butter für die Form
150–200 g Emmentaler, frisch gerieben
Salz und Pfeffer

Das Butterschmalz in einer Bratpfanne erhitzen, die Zwiebeln darin goldbraun rösten und warm stellen. Das Salzwasser für die Spätzle zum Kochen bringen.
Inzwischen die Spätzle zubereiten: Mehl, Eier, Salz und Wasser in die Rührschüssel geben, mit dem Knethaken des elektrischen Handrührgerätes nur so lange durchkneten, bis der Teig schwer vom Löffel reißt. Die Masse mit dem Spätzlehobel portionsweise in das kochende Wasser tropfen und garen lassen, bis sie auf der Oberfläche schwimmen. Die Spätzle mit einem Schaumlöffel aus dem Kochwasser nehmen, sehr gut abtropfen lassen. Eine Lage Spätzle in eine gebutterte, feuerfeste Form geben. Darüber 1 EL Zwiebeln und 2 EL Käse streuen. Den Vorgang wiederholen, bis alle Spätzle verwendet sind. Auf die oberste Schicht reichlich geriebenen Käse streuen. Ohne Deckel ca. 20 Minuten in den auf 180 °C vorgeheizten Backofen geben. Der Käse soll lange Fäden ziehen. Nach Belieben salzen und pfeffern.

Geeignete Beilagen

Tomatensoße, Kopfsalat, Chinakohlsalat, verschiedene Blattsalate, gekochtes Sauerkraut.

Tips

- ▷ Kleine Mengen können auch im Mikrowellengerät gebacken werden.
- ▷ Der Käse kann, in Würfel von 3x3 cm geschnitten, sehr gut im Universalzerkleinerer gehackt werden.
- ▷ Käsespätzle können tiefgefroren sehr gut wiederverwendet werden.

Vermeidbare Fehler

- ▷ Spätzlehobel nicht über dem Wasserdampf hängen lassen, da sonst die Preßlöcher verstopfen.
- ▷ Die Spätzle nicht kalt abbrausen, wie es bei der Spätzleherstellung üblich ist, damit der Käse schneller schmilzt.

Pflanzliche Nahrungsmittel direkt vom Bauern

Verbraucherwünsche – Konsequenzen für den Erzeuger

Der Verbraucher erwartet auf dem Bauernhof beim Kauf pflanzlicher Produkte, daß sie frisch geerntet (besonders bei Gemüse) und gesundheitlich unbedenklich, wohlschmeckend und preiswert sind. Das Angebot des Bauern soll sich trotz der saisonalen Ernte über einen langen Zeitraum erstrekken, z. B. durch Kühlmöglichkeiten von Lagergemüse, Obst und Kartoffeln. Das ganzjährige, kontinuierliche Angebot von pflanzlichen Produkten kann durch weitere schonende Konservierung wie Marmeladezubereitung, Sterilisieren, Milchsäuregärung (Sauerkraut) oder Einfrieren erreicht werden.
Der Verbraucher wünscht ein Grundangebot das ganze Jahr über. Das Angebot beim Bauern garantiert heimische Produkte und schließt unerwünschte Behandlungen zum Zwecke einer besseren Optik und einer längeren Lagerung von Obst, Kartoffeln und Gemüse aus.

Der Weg zum alternativen Landbau

Vor 50 Jahren war die Düngung hauptsächlich auf eine natürliche Düngung mit Mist und Jauche beschränkt. In die Fruchtfolge wurden stickstoffsammelnde Pflanzen wie Klee, oder Luzerne eingebaut, Kalkstickstoff diente als Mineraldünger und Unkrautvertilger. Heute wird in Betrieben ohne Vieh hauptsächlich Mineraldünger ausgebracht. Viehhaltende Betriebe bringen einen Großteil ihres Düngebedarfs als Flüssigmist auf die Kulturen. Unkontrollierte und übertriebene Stickstoffdüngung zur falschen Zeit, bei Flüssigmist kann das leicht der Fall sein, haben zur Nitratanreicherung im Grundwasser beigetragen. Die heutige Forschung und Beratung strebt einen gezielten Stickstoffeinsatz genau nach Bedarf der Pflanzen an, denn er spart Kosten und schont die Umwelt. Jeder verantwortungsbewußte Landwirt arbeitet heute so.

Unkraut und Ungeziefer sind für alle Kulturen ein großes Problem. Im *chemischen Pflanzenschutz* werden eine Reihe von Mitteln eingesetzt. Diese Mittel, aber auch Mineraldünger und Flüssigmist, werden heute von fortschrittlich denkenden Landwirten nur ganz gezielt und nur dann eingesetzt, wenn es unbedingt sein muß. Ansonsten versuchen sie mit etwa den gleichen Mitteln wie der »biologische« Landbau zu wirtschaften. Diese Art des Wirtschaftens nennt man den *integrierten Pflanzenbau*.

Der *biologisch dynamische* oder *biologisch organische Landbau* verzichtet auf den Einsatz chemischer Pflanzenschutzmittel und versucht, auf natürliche Weise annähernde Erträge zu erzielen. Die biologische und mechanische Unkrautbekämpfung erfordern eine sehr vielseitige Fruchtfolge mit dem Anbau von Früchten, die Stickstoff sammeln und Unkraut verdrängen. Die pilzliche Belastung bei biologischem Anbau ist durch die vielseitige Fruchtfolge gering, weil spezifische Pilzerkrankungen bei Früchten, die nur in großem zeitlichen Abstand angebaut werden, ausgeschaltet werden.

Auch in der *Düngung* wird nur mit natürlichem Dünger aus einer vielseitigen Tierhaltung, aufgewertet durch die Beigabe von Gesteinsmehl, gearbeitet. Da die nur mit Naturdünger versorgten Pflanzen weniger Stickstoff aufnehmen, ist parallel auch die Wasseraufnahme geringer und der Trokkensubstanzgehalt höher. Das bewirkt einen volleren Geschmack der Frucht und eine bessere Lagerfähigkeit.

Saattechnisch und in der Sortenwahl unterscheidet sich der »Bio«-Bauer kaum vom konventionell wirtschaftenden Bauern. Er muß jedoch widerstandsfähigeren Sorten den Vorrang geben. Den Umweltbelastungen mit Schwefel und Schwermetallen ist allerdings auch der alternative Pflanzenbau ausgesetzt und damit belastet.

Um als Verbraucher nicht nur teure, sondern auch gute Bioware zu bekommen, sollten Sie »Ihren« Betrieb genau kennen. Der Bauer sollte Mitglied einer kontrollierenden Vereinigung sein.

Die in der Bundesrepublik Deutschland arbeitenden Verbände heißen:

demeter

Bioland

Naturland

Qualitätserzeugnis nach den Richtlinien des BIO KREIS e.V. OSTBAYERN aus überwachtem biologischem Anbau

ANOG

Getreideanbau

Getreide gehört schon Jahrtausende lang zur Nahrungsgrundlage des Menschen. In der Bundesrepublik Deutschland werden heute 27 Millionen Tonnen Getreide geerntet, von denen aber 80% verfüttert werden. Weizen und Roggen haben als Brotgetreidesorten für die direkte Ernährung die wesentlichste Bedeutung. Aber auch alte Getreidesorten, zum Beispiel Buchweizen, Dinkel und Hirse, erfahren heute in der Vollwertkost eine neue Renaissance.

Getreide vermarkten bisher nur wenige konventionell erzeugende Betriebe direkt. Es wird hauptsächlich im ökologischen Landbau direkt angeboten. Da sich die Verarbeitung von Getreide zu Frischkornmüsli, zum Selbstbacken von Brot und Gebäck, sowie zu Spezialgerichten in der Vollwertküche zunehmender Beliebtheit erfreut, wird der Direktverkauf sicher noch mehr an Bedeutung gewinnen. Kleinere Getreidemühlen für den Haushalt, die bei der Verarbeitung des ganzen Korns ein wichtiges Kücheninstrument sind, werden heute vielfältig angeboten.

Der ernährungsphysiologische Wert liegt im vollen Getreidekorn. Die gesundheitlich wichtigen Wirkstoffe des Getreidekorns liegen insbesondere in den Randschichten (Frucht- und Samenschale) und im Keimling. Beide werden bei der industriellen Verarbeitung des Getreides zu Mehl und anderen Getreideprodukten entfernt. Wichtige Stoffwechsel- und Verdauungsprozesse (Ballaststoffe in Form von Kleie) werden durch den Genuß des vollen Korns gefördert, das Hungergefühl früher und anhaltender gestillt.

Querschnitt durch das Getreidekorn

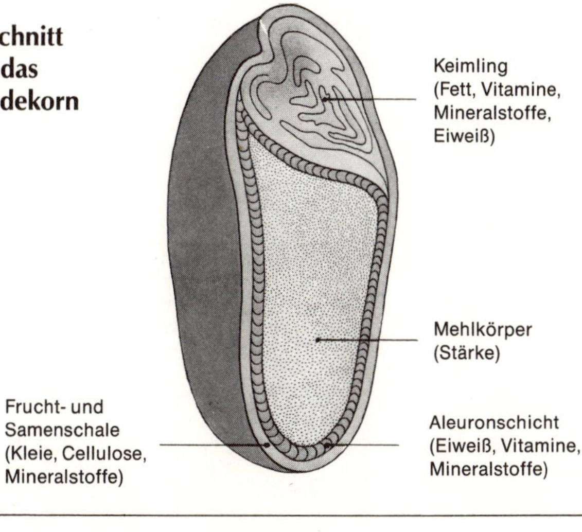

Getreidesorten und ihre Verwendung

Getreide-sorte	Verwendung			
	Ganzes Korn	Schrot-Grütze	Mehl/Grieß	Flocken
Weizen (wegen des hohen Klebereiweißanteils ein wichtiges Backgetreide)	Aufläufe Suppen Brotzutat	Brei Flammeri Aufläufe Suppen Eintöpfe Müsli Brot	Brei Flammeri Aufläufe Suppen Süßspeisen Knödel (Klöße) Teigwaren Backen, Brot zum Binden	Brei Suppen Gebäck Müsli
Roggen (wenig Klebereiweiß, zusammen mit Weizen verarbeiten)	Eintöpfe Aufläufe Brotzutat zum Sprießen	Suppen	Brotgetreide (mit Sauerteig verarbeiten, Säure schließt die Stärke auf)	
Hafer (sehr fetthaltig, wenig Klebereiweiß, zusammen mit Weizen verarbeiten)		Brei Aufläufe Müsli	Suppen Gebäck Fladenbrot	Brei Haferschleim Suppen Müsli Süßspeisen Gebäck, Brot
Gerste (wenig Klebereiweiß, zusammen mit Weizen verarbeiten)	Graupen/ Rollgerste: Brei Beilage Suppen Aufläufe Eintöpfe Salate zum Sprießen	Brei Suppen Aufläufe Eintöpfe Müsli	Brot	Müsli Diätkost Babykost
Dinkel = Urform des Weizens (wegen des hohen Klebereiweißanteils ein gutes Backgetreide)	wie Weizen	wie Weizen	wie Weizen Waffeln	

Getreidesorte	Verwendung			
	Ganzes Korn	Schrot-Grütze	Mehl/Grieß	Flocken
Grünkern	Suppen Bratlinge Beilage Salate	Suppen Bratlinge Brei Müsli	Gebäck Brot	
Hirse (schlechtes Backgetreide, da kaum Klebereiweiß)	Beilage Suppen Brei Flammeri Aufläufe Gratins Bratlinge			Brei Müsli Suppen Desserts
Buchweizen = Knöterichgewächs (schlechtes Backgetreide, da kein Klebereiweiß)	Beilage Suppen Eintöpfe Aufläufe	Brei Aufläufe Bratlinge Müsli	Pfannkuchen Suppen Gebäck zum Binden	Müsli Brei Getreide
Amaranth = altes Inkagetreide (75% biologische Eiweißwertigkeit = hochwertigstes Getreide; kein Klebereiweiß)	Suppen Aufläufe Puffer	Suppen Aufläufe Bratlinge Müsli	Pfannkuchen Gebäck Desserts	
Mais (schlechtes Backgetreide, da kein Klebereiweiß)	Salate		Mehl = Kukuruz Grieß = Polenta Brei Flammeri Suppen Aufläufe Süßspeisen Speisestärke	Corn flakes: pur mit Milch Müsli Gebäck Konfekt

Kartoffelanbau

In der Nachkriegszeit verzehrte der deutsche Bundesbürger 220 Kilogramm Kartoffeln jährlich. Die Kartoffel stellte eine wesentliche Versorgung mit Kohlenhydraten, Eiweiß und Vitamin C, Zucker. Dieser Verbrauch ging bis auf 75 Kilogramm zurück, denn durch die höhere Kaufkraft der Bevölkerung haben Fleisch und andere hochwertige Produkte die Kartoffel verdrängt. Durch die Besinnung auf den hohen gesundheitlichen Wert der Kartoffel in der mit Wohlstandskrankheiten belasteten Bevölkerung konnte sich der Verbrauch stabilisieren, und der Trend ist sogar wieder steigend.
Um den ernährungsphysiologischen Wert im Garprozeß weitestmöglich zu erhalten, sollten Kartoffeln sooft wie möglich in der Schale gekocht werden.

Durchschnittliche Vitamin- und Mineralstoffverluste bei gekochten Kartoffeln

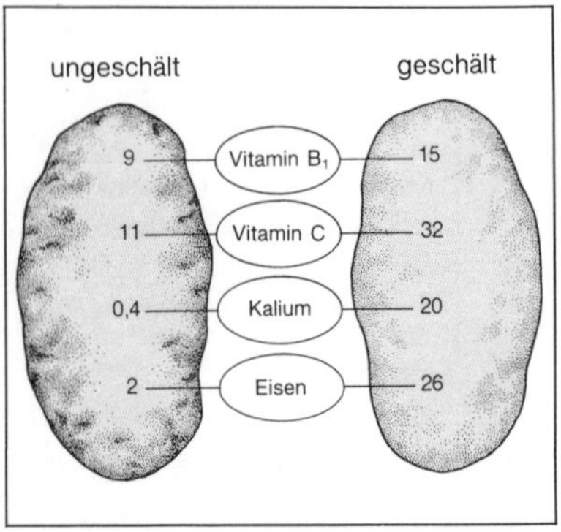

Kartoffelsorten und ihre Verwendung

Reifezeit und Kocheigenschaften sind entscheidend für die Sortenwahl.
Da die Kartoffel während des ganzen Jahres zur Ernährung beiträgt, werden vom Bauern und vom Handel Kartoffeln verschiedener *Reifezeiten* verlangt. Ab Anfang Juni gibt es bereits heimische Frühkartoffeln aus der Pfalz, vom Niederrhein und aus dem östlichen Niedersachsen. Mittelfrühe Sorten werden bereits ab Anfang August geerntet und eignen sich wie die Spätkartoffeln bereits zum Einkellern. Späte Sorten nehmen mehr als die Hälfte der deutschen Anbaufläche ein und können bis etwa März eingekellert werden (das richtige Einkellern wird bei der Vorratshaltung beschrieben).
Die *Kocheigenschaften* der Kartoffel sind das wichtigste Kriterium bei der Sortenwahl. Man unterscheidet 3 *Kochtypen*:
festkochend – ideal für Kartoffelsalat, Schmor-, feste Salz-, Pell- und Bratkartoffeln;
vorwiegend festkochend – richtig für Salz-, Pell-, Brat- und Grillkartoffeln;
mehligkochend – gut für mehlige Pell- und Salzkartoffeln, Püree, Puffer, Knödel, Klöße, Eintöpfe und Suppen.

Eier, Obst und Gemüse (auch Blumen) sind die bevorzugten Produkte im Straßenverkauf und auf Bauernmärkten.

Rote Beete
kg 1,-
Zwiebel
5 kg 5,-
1 kg 1,50
Alles

Die wichtigsten deutschen Kartoffelsorten nach ihren Kocheigenschaften

Kochtyp Sorten	Festkochend	Vorwiegend festkochend	Mehlig-kochend
Sehr frühe Sorten (ab Ende Mai)		g Berber g Carola g Christa g Gloria hg Hela g Margit g Rita hg Ukama	
Frühe Sorten (Ende Juli)	g Cilena g Sieglinde	g Berolina g Miriam g Sissi	
Mittelfrühe Sorten (Mitte bis Ende August)	g Erna g Hansa g Linda g Nicola g Selma	g Agria hg Bettina g Clivia g Gesa g Grandifolia g Granola g Grata g Gusto g Ilse g Maja g Palma g Roxy g Quarta g Ulla	g Irmgard
Mittelspäte bis sehr späte Sorten (bis Mitte Oktober)		g Isola g Ronea	g Aula g Datura

g=gelbes, hg=hellgelbes Fleisch

◁

Kartoffeln, Zwiebeln, Kohl – der Bauer bringt sie frisch direkt auf den Markt.

Kartoffeln richtig einkellern

Der Lagerraum für Kartoffeln soll trokken, kühl (ca. 4 Grad) und dunkel sein; er muß belüftet werden können. Kartoffeln sollen, nach Sorten getrennt, im Jute- oder Papiersack oder lose in Horden oder Kisten (nicht höher als 40 cm) gelagert werden – nicht zusammen mit Obst und Gemüse, weil diese nicht so trocken lagern und Fremdgeschmack entstehen kann.

Gemüseanbau

Der Speiseplan einer Küche wäre nicht vollständig, eine Mahlzeit nicht vollwertig, würden Gemüse und Kräuter fehlen.
Mineralstoffe, Vitamine und Ballaststoffe, die in der heutigen fleischreichen Ernährung teilweise zuwenig enthalten sind, werden durch Gemüse ausreichend ergänzt.

Gemüsearten und ihre Verwendung

Gemüsearten	Verwendung
Blattgemüse Kopfsalat, Endiviensalat, Eissalat, Spinat, Chicorée, Radicchio, Mangold, Feldsalat, Fenchel	Frischer Salat, Gemüsebeilage, Gratin, zum Garnieren
Kohlgemüse Blumenkohl, Chinakohl, Brokkoli, Kohlrabi, Rosenkohl, Weißkraut (Weißkohl), Blaukraut (Rotkohl), Wirsing, Grünkohl	Salat, Rohkost, Gemüsebeilage, Suppen und Eintöpfe, Aufläufe und Gratins, Sauerkrautherstellung
Wurzel- und Knollengemüse Radieschen, Rettich, Möhre, Sellerie, Schwarzwurzel, Rote Bete, Meerrettich	Salat, Rohkost, Gemüsebeilage, Suppen und Soßen
Hülsenfrüchte Erbsen, Bohnen, Linsen	Gemüsebeilage, Suppen und Eintöpfe, Salat
Zwiebelgemüse Zwiebel, Knoblauch, Lauch, Schnittlauch	Gemüsebeilage, Suppen, Salat, zum Anschwitzen/Anbraten, als Gewürz
Stengelgemüse Spargel, Rhabarber, Bleichsellerie	Gemüse als Beilage und als Hauptgericht, Suppen, Kompott, Kuchen, Auflauf
Fruchtgemüse Tomate, Gurke, Paprika, Melone, Zucchini, Kürbis, Aubergine	Salat, Gemüsebeilage, Melone als Vorspeise

Der Einkauf auf dem Bauernhof

Der Einkauf von Gemüse auf dem Bauernhof ist problemlos und wird dem Wunsch des Verbrauchers nach Frische und Qualität voll gerecht. Besonders der alternativ wirtschaftende Bauer bietet – insbesondere für sehr empfindliche Personen in bezug auf Allergien – Gemüse an, bei deren Anbau auf jeglichen Einsatz von Mineraldünger und Pflanzenschutzmittel verzichtet wird.
Der Bauer bietet sein Gemüse ab Hof, ab Feld, auf dem Wochenmarkt und durch Selbsternten an. Wie bei allen anderen Produkten ist der kurze Weg von der Ernte zum Verbraucher, besonders bei Frischgemüse, der beste. Welker Salat, der zwei Tage vom Erzeuger zum Verbraucher unterwegs ist, hat den größten Teil seines Vitamingehalts bereits verloren. Am günstigsten kauft man das Gemüse in der Haupterntezeit ein, und zwar sowohl für den Frischverzehr als auch für den Vorrat. Der direkt vermarktende Gemüsebauer wird zugleich oft die dazugehörenden Küchenkräuter mitanbieten. Die Vermarktung ab Hof gibt Ihnen die größte Sicherheit für Qualität und Frische. Auf dem Wochenmarkt sollten Sie darauf achten, daß der Verkäufer auch Erzeuger ist.

Gemüsearten und ihre Verwendung

Bei Gemüse unterscheidet man generell Frischgemüse (z. B. Salate) und Lagergemüse (z. B. Kohl). Freilandgemüse ist weniger nitrathaltig, nicht so wasserhaltig und damit länger lagerfähig. Unterglasgemüse ist vitaminärmer durch die geringere Sonneneinstrahlung. Botanisch werden die Gemüse in verschiedene Arten eingeteilt (siehe Tabelle links) und auch verschieden verwendet.

Weiterverarbeitung und Lagerung

Die Weiterverarbeitung von Gemüse ist als Teil der Lagerung und Konservierung zu betrachten.
Frischgemüse sollte vor allem erntefrisch gekauft, kühl und feucht gelagert und innerhalb weniger Tage verzehrt werden. Lagergemüse für den Wintervorrat wie Zwiebeln, Möhren, Sellerie, Rote Bete, Weiß- und Rotkohl lassen sich über längere Zeit ohne Vitaminverlust aufbewahren. Bei Wurzelgemüse bietet sich die Lagerung in einem Sandbett an. Die meisten Gemüsearten – außer Rettich, Tomate und Blattsalat – eignen sich zum Einfrieren.
Das Einkochen oder Sterilisieren ist eine weitere, kostengünstige Art der Weiterverarbeitung. Hierfür eignen sich vor allem Tomaten, Sellerie, Gurken, Bohnen, Erbsen, Blumenkohl, Paprika und Spargel. Außerdem sind die Gärkonservierung, z. B. von Weißkraut zu Sauerkraut, und die Saftherstellung, z. B. von Möhren, Rote Bete, eine besondere Art der Konservierung.

Obstanbau

Den Obstanbau gibt es in der Bundesrepublik Deutschland in jeder Region und fast in jedem Privatgarten, er konzentriert sich aber vor allem auf die klimatisch begünstigten Gebiete, z. B. auf die Gebiete am Bodensee oder am Oberrhein, auf die milden Flußtäler auf das alte Land usw. Nicht nur das äußere Erscheinungsbild des Obstes, sondern der innere Wert, sprich Vitamin- und Mineralstoffgehalt sollten beim Kauf entscheiden.
Die deutschen Bauern haben den Einsatz von Pflanzenschutzmitteln vermindern können durch die Auswahl widerstandsfähiger Sorten, durch die Bekämpfung von Schädlingen mittels ihrer natürlichen Feinde und durch das Anbringen von Lockstoffallen. Dieser biologische Pflanzenschutz ist natürlich besser und billiger als chemischer Pflanzenschutz, aber er ist bei hohem Schädlingsbefall oft nicht ausreichend. Dann muß gespritzt werden. Sie sollten daher Obst immer sorgfältig waschen oder auch schälen, sie befreien es so auch von umweltbedingten Belastungen. Kaufen Sie beim direktvermarktenden Obstbauern ein. Sie erfahren dort, wie er sein Obst behandelt, geerntet und gelagert hat. Schließlich wollen Sie natürlich gereiftes und kein konserviertes Obst kaufen. Sie wollen Obst, das voll ist im Geschmack und den Vitamingehalt garantiert.

Lagerung und Verarbeitung

Die Haltbarkeit von *Äpfeln* ist vor allem von der richtigen Lagerung abhängig. Obstbauern, aber auch Verbraucher mit Kellern, die kühl und dunkel sind und eine bestimmte Luftfeuchtigkeit aufweisen, können Äpfel bis April/Mai ohne Konservierungsmittel lagern. Die Lagerzeit von *Birnen* ist kürzer, nur einzelne Sorten wie Conference, Vereinsdechantsbirne und Edelcrassaue sind auch bis März lagerfähig.
Steinobst muß in der Regel frisch verzehrt oder alsbald als Konfitüre oder durch Einkochen konserviert werden. *Beerenobst* wird ebenfalls entweder zum sofortigen Frischverzehr oder zur Verarbeitung als Konfitüre, Tiefkühlkost oder zur Saftherstellung verwertet. Trauben werden fast ausschließlich als Tafelobst frisch verzehrt. Dampfentsaften oder Kaltentsaften von Weichobst oder Kernobst bietet sich als weitere Möglichkeit der Verarbeitung an.

Deutsches Obst und seine Verwendung

Siehe nebenstehende Übersicht

Obstart	Früchte	Erntezeit	Verwendung													
			Frischfrucht	Einmachen	Konfitüre	Gelee	Sirup	Trockenfrucht	Kompott	Kanditen	Saft	Obstler/Likör	Obstwein	In Alkohol	Milchmix	Joghurt
Kernobst	Äpfel	Juli–November	•	•	•	•	•	•	•		•	•	•	•		•
	Quitten	September–Januar		•	•	•	•	•	•	•	•		•			
	Birnen	Juli–November	•	•	•	•	•	•	•	•	•	•	•	•	•	•
Beerenobst	Erdbeeren	März–Oktober	•	•	•	•	•		•	•	•	•	•	•	•	•
	Stachelbeeren	Ende Mai–August	•	•	•	•			•		•		•	•		
	Johannisbeeren	Juni–September	•	•	•	•	•		•		•	•	•			•
	Brombeeren	Juli–September	•	•	•	•	•		•		•	•	•	•	•	•
	Himbeeren	Ende Juni–September	•	•	•	•	•		•		•	•	•	•	•	•
	Heidelbeeren	Juli/August	•	•	•	•	•		•		•	•	•	•	•	•
	Preiselbeeren	August/September	•	•	•	•	•		•		•	•	•		•	•
Steinobst	Kirschen süß	Mai–September	•	•	•	•	•		•	•	•	•	•	•	•	•
	Kirschen sauer	Mai–August	•	•	•	•	•		•		•	•	•	•	•	•
	Pflaumen/Zwetschgen	Mitte Juli–Oktober	•	•	•		•	•	•	•	•	•	•	•	•	•
	Mirabellen	Anfang Juli–Oktober	•	•	•		•		•		•	•	•	•	•	•
	Reneclauden	Juli–September	•	•	•				•		•	•	•	•		•
	Pfirsiche	Juni–Mitte Oktober	•	•	•	•	•	•	•	•	•	•	•	•	•	•
	Aprikosen	Juli/August	•	•	•	•	•	•	•	•	•	•	•	•	•	•
Schalenobst	Walnüsse	Oktober/November	•					•		•					•	•
	Haselnüsse	Oktober/November	•					•		•					•	•
Sonstiges	Rhabarber	Januar–August	•	•	•		•		•		•					

Quelle: CMA, Kennwort Obst

REZEPTE

Brot und Getreidegerichte

Weizen-Bauernsemmeln

Ergibt ca. 25 Stück

1 kg Weizenvollkornmehl
350 ml Wasser
350 ml Milch
60 g Hefe
2 gehäufte TL Salz
100 g Vollkornmehl für die Arbeitsplatte
Eigelb, verdünnt mit Wasser
Sesamsaat oder Mohn

Das Weizenvollkornmehl in eine Rührschüssel geben. Das Wasser mit der Milch auf ca. 35 °C erwärmen, die Hefe und das Salz dazugeben, gut durchrühren und zum Mehl geben. Die Zutaten mit dem Knethaken zu einem Teig gut durcharbeiten, bis sich dieser von der Schüssel löst. Den Teig auf eine bemehlte Arbeitsfläche geben, zu einer Rolle formen und mit dem Messer gleichmäßige Scheiben abschneiden. Diese sofort zu kleinen Semmeln formen und oben mit dem Messer kreuzweise einschneiden. Die Semmeln oben mit verdünntem Eigelb bestreichen und in Sesam oder Mohn wenden. Auf gefettete oder mit Backtrennpapier ausgelegte Bleche legen und 10–15 Minuten gehen lassen. Bei 180 °C im vorgeheizten Backofen ca. 25 Minuten backen.

Weitere Verwendung

Diese Brötchen können auf Vorrat tiefgefroren werden.

Tips

▷ Beim Gehen mit warmen Tüchern abdecken.
▷ Diese Semmeln sind sehr schnell zubereitet.
▷ Mahlen Sie den Weizen frisch mit der Getreidemühle, gehen die Brötchen schneller auf.

Vermeidbare Fehler

▷ Den Teig nicht kalt werden lassen, die Brötchen werden sonst zu fest.

Vollkorn-Gewürzbrot mit Sauerteig

Ergibt 3–3½ kg Brot

1500 g Roggen
1450 ml Wasser (30 °C)
200 g Sauerteig (vom Bäcker)
400 g Weizen
1 Würfel Hefe
2 EL Vollmeersalz
1 EL Kümmel
1 EL Koriander
1 EL Fenchel
2 EL Sonnenblumenkerne
1 EL Sesamsaat
1 EL Leinsamen (über Nacht im Kühlschrank einweichen)

1. Arbeitsgang: Für den Grundsauer um ca. 18 Uhr 600 g Roggen fein mahlen. Mit 750 ml gut warmem Wasser und dem Sauerteig in einer großen Schüssel mit einem Holzlöffel verrühren. Mit einer Klarsichtfolie vor

dem Austrocknen schützen, an einen warmen Ort stellen und zusätzlich mit einem dicken Handtuch abdecken, um die Teigmasse möglichst warm zu halten.
2. Arbeitsgang: Für den Vollsauer 4 Stunden später 500 g Roggen fein mahlen und mit 500 ml warmem Wasser zum Grundsauer geben, gut verrühren. Den Teig wie vorher gut zudecken und warm stellen.
3. Arbeitsgang: 10 Stunden später ein Honigglas voll vom Vollsauer wegnehmen und in den Kühlschrank stellen, damit für den nächsten Backtag wieder ein Sauerteig bereitsteht.
400 g Roggen- und 400 g Weizenschrot und den Hefewürfel mit 200 ml warmem Wasser anrühren und zum Teig geben. Salz, die Gewürze und Körner dazugeben und den Teig mit der Hand oder dem Knethaken der elektrischen Küchenmaschine (Stufe 1–2) ca. 10 Minuten gut durchkneten. Den Teig 2 Stunden zugedeckt gehen lassen.
Nach der Teigruhe den Teig nochmals durchkneten und in eine große Kastenform geben oder 2–3 Laibe formen. Die Oberfläche des Teiges mit feuchten Händen glattstreichen und mit einer Gabel mehrmals einstechen, damit beim Backen die Luft austreten kann. 1 Stunde warm zudecken.
Inzwischen den Backofen auf 250 °C vorheizen und eine mit Wasser gefüllte Metallschüssel hineinstellen, um eine hohe Luftfeuchtigkeit zu erreichen. Den Brotteig gibt man in den Backofen, wenn er nach ca. 1 Stunde Haarrisse zeigt und locker aussieht.
½ Stunde bei 250 °C, 1–1½ Stunden bei 180 °C backen.

Weitere Verwendung

Dieses Brot kann auf Vorrat tiefgefroren werden.

Tips

- ▷ Wird der Brotteig in der Kastenform gebacken, kann der Teig feuchter gehalten werden, das Brot wird dadurch saftiger.
- ▷ Sauerteig kann bis zu 4 Wochen im Kühlschrank gelagert werden.
- ▷ Gewürze können auch mit dem Universalzerkleinerer geschrotet werden.
- ▷ Durch das Bestreichen der Brote mit Wasser 10 Minuten vor Ende der Backzeit entsteht eine schöne, glänzende Kruste.

Vermeidbare Fehler

- ▷ Das Brot platzt auf, wenn keine Wasserschüssel auf den Backofenboden gestellt wird.

Fladenbrot

Ergibt 20 Stück

250 g Weizen
½ Hefewürfel
75 ml lauwarmes Wasser
60 g flüssige Butter
½ TL Vollmeersalz
1 EL grobes Salz
1 Eigelb
2 EL Milch
4 Knoblauchzehen, gepreßt
½ EL getrockneter Thymian
½ EL getrockneter Oregano

Den Weizen fein mahlen und in eine Schüssel geben. Die Hefe in dem lauwarmen Wasser auflösen, die Butter und das Vollmeersalz dazurühren, zum Mehl geben und alles zu einem geschmeidigen Teig kneten. Diesen bei Zimmertemperatur ca. 1 Stunde zugedeckt ruhen lassen, dann zu einer Rolle formen (ca. 12 cm Durchmesser) und in 20 Scheiben schneiden. Diese mit der hohlen Hand zu Kugeln formen und wieder flach drücken (½ cm). Die Fladen auf ein gefettetes oder mit Backpapier ausgelegtes Backblech legen und mit dem groben Salz bestreuen. Das Eigelb mit der Milch verrühren, den Knoblauch und die Kräuter dazugeben und alle Fladen damit bestreichen. Etwa 10 Minuten bei Zimmertemperatur gehen lassen, dann im vorgeheizten Backofen bei 200 °C etwa 10 Minuten backen.

Weitere Verwendung

Das Fladenbrot kann auf Vorrat eingefroren werden.

Tips

▷ Dieses Fladenbrot schmeckt besonders Knoblauchliebhabern.
▷ Anstelle von Eigelb und Milch kann auch vorgewärmtes Öl verwendet werden.

Vermeidbare Fehler

▷ Die Backtemperatur darf nicht zu hoch sein, sonst schmecken die Kräuter bitter.

Gefaulte Erdäpfel

Hefeteig

1 kg Mehl
1 Päckchen Backpulver
60 g Hefe
1 EL Zucker
ca. ½ l lauwarme Milch
2 Päckchen Vanillinzucker
½ EL flüssiger Süßstoff
1 TL Salz
Schale von 1 unbehandelten Zitrone
100 g Butter, zerlassen
125 ml saure Sahne
2 ganze Eier
2 cl Rum

250 g Backpflaumen
2 cl Rum
2 EL Wasser
1–2 Eiweiß
ca. 2 kg Ausbackfett
4 Eigelb
100–200 g Zimtzucker

Das Mehl in eine Rührschüssel geben und mit dem Backpulver mischen. Die

Hefe in eine kleinere Schüssel bröseln, Zucker dazugeben und 3 EL von der warmen Milch. Mit einer Gabel so lange verrühren, bis die Hefe flüssig ist. Dieses Dampferl mit einem Tuch abdecken und an einen warmen Ort stellen, bis sich das Teigvolumen verdoppelt hat.
Das Hefedampferl und die restlichen Zutaten zum Mehl geben und mit dem Knethaken der Küchenmaschine oder des Handrührgerätes kräftig abschlagen, evtl. seitlich etwas Mehl anstäuben, bis sich der Teig von der Schüssel löst. Den Teig wieder an einem warmen Ort so lange zugedeckt gehen lassen, bis er sein Volumen verdoppelt hat.
Inzwischen die Backpflaumen mit dem Rum und dem Wasser aufkochen und mit dem Mixstab des Handrührgerätes pürieren und abkühlen lassen.
Den Hefeteig aus der Schüssel nehmen und auf ein Nudelbrett geben. In gut eigroße Portionen aufteilen, in der hohlen Hand zu Kugeln formen und diese zu Kreisen von ca. 8–10 cm Durchmesser auswellen. In die Mitte jedes Kreises 1 TL Pflaumenmus geben. Den Rand des Teiges mit Eiweiß bestreichen, eine Teighälfte über das Mus legen und zu Kartoffeln formen. Die vorbereiteten Erdäpfel zugedeckt etwa 15 Minuten gehen lassen.
Inzwischen das Ausbackfett erhitzen und die Eigelbe in einem Schüsselchen verschlagen. Die Kartoffeln in das Backfett geben, zudecken, nach ca. 5 Minuten wieder abdecken und die Kartoffeln mit 2 Backschaufeln wenden, weiterbacken, bis sie goldgelb sind. Herausheben, etwas abkühlen lassen und im Eigelb wenden. Nochmals ganz kurz ins Ausbackfett geben, damit die Kartoffeln eine sogenannte Haut bekommen. Mit einer Schöpfkelle aus dem Fett heben und auf einem Gitter, das mit Zeitungspapier unterlegt ist, abtropfen lassen. Noch warm in Zimtzucker wälzen.

Tips

- ▷ Den Hefeteig in warmer Umgebung herstellen, damit die Hefepilze günstige Voraussetzungen haben.
- ▷ Süßstoff statt Zucker verwenden, der Teig wird nicht so schwer.
- ▷ Die Erdäpfel sollen eine ovale Form haben.
- ▷ Die Stelle, an der die Erdäpfel »verklebt« werden, gut schließen, damit sie beim Backen nicht aufgehen.

Vermeidbare Fehler

- ▷ Backfett nicht überhitzen, deshalb einen hölzernen Kochlöffelstiel in das Fett stecken; zeigen sich um den Kochlöffelstiel Bläschen, so ist die Temperatur richtig.
- ▷ Den Herd während des Backens nie ohne Aufsicht lassen. Brandgefahr! Sollte das Fett trotzdem brennen, ein ausgewrungenes Scheuertuch darüberwerfen, damit die Flamme erstickt.
- ▷ Tritt Pflaumenmus beim Backen aus, dieses mit einem Stahlsieb aus dem Fett nehmen, da das Fett sonst spritzt.

Schinkenpizza

Für 4 Pizzen

Teig

300 g Mehl
Salz
20 g Hefe
⅛ l lauwarmes Wasser
30 g Butterschmalz

Belag

4 EL Öl
2 Zwiebeln, gehackt
300 g Champignons, frisch oder tiefgefroren
400 g geräucherter Schinken
2 EL Öl zum Bestreichen der Teller
2 Knoblauchzehen, gepreßt
4 EL Ketchup oder geschälte, zerkleinerte Tomaten
4 TL Pizzagewürz oder Basilikum und Oregano
200 g Käse, gerieben
Salz und Pfeffer

Mehl und Salz in eine Rührschüssel geben. Die Hefe mit dem lauwarmen Wasser anrühren, das Butterschmalz erwärmen und beides zum Mehl geben. Alles mit den Knethaken des elektrischen Rührgerätes zu einem geschmeidigen Teig verarbeiten. An einem warmen Ort zugedeckt gehen lassen, bis der Teig sein Volumen etwa verdoppelt hat.
Inzwischen den Belag vorbereiten: Das Öl in einer Pfanne erhitzen, darin die Zwiebeln glasig dämpfen, herausnehmen und beiseite stellen. Die Champignons 5–10 Minuten in dem Öl dünsten, ebenfalls herausnehmen. Zwiebeln und Champignons auskühlen lassen. Den Schinken in dünne Scheiben oder in feine Würfel schneiden.
Den Teig in 4 Portionen tellergroß auswellen und auf die mit Öl bestrichenen Pizzateller legen. Das Öl aus der Pfanne mit dem Knoblauch verrühren und damit den Pizzateig bestreichen. Darauf je 1 EL Ketchup verstreichen und mit Pizzagewürz bestreuen. Die Zwiebeln, die Champignons und den Schinken darauf verteilen. Den Käse darüberstreuen, salzen und pfeffern. Die Pizzen in den auf 220 °C vorgeheizten Backofen geben und 10–15 Minuten backen.

Geeignete Beilagen

Salate jeglicher Art.

Weitere Verwendung

Die fertige Pizza kann tiefgefroren werden.

Tips

- ▷ Das Butterschmalz macht den Teig geschmeidiger.
- ▷ Im Umluftherd können mehrere Pizzen zugleich gebacken werden.
- ▷ Bei kurzer Backzeit mit hoher Temperatur werden die Pizzen saftiger.
- ▷ Bei Bedarf können die eingefrorenen Portionen sehr gut im Mikrowellengerät erwärmt werden.

Vermeidbare Fehler

- ▷ Die Gewürze nicht über den Käse streuen, sonst schmecken sie bitter.

Hirseauflauf

Für 4–6 Personen

1 Tasse Hirse
3 Tassen Wasser
1 Zimtstange
1 Messerspitze Vollmeersalz
300 g säuerliche Äpfel
Saft von ½ Zitrone
100 g Butter
100 g Honig
2 Eigelb
50 g ganze Mandeln
1 TL Hirse
½ TL Zimt
2 Eiweiß
Butter für die Form
2 EL Butterflocken

Die Hirse 30 Minuten in dem Wasser einweichen. Mit Zimtstange und Salz einmal aufkochen. Die Herdplatte ausschalten und die Masse zugedeckt 20 Minuten quellen lassen. Den Brei abkühlen lassen und die Zimtstange herausnehmen.
Die Äpfel waschen und das Kerngehäuse entfernen. Mit der Schale feinblättrig aufschneiden oder stifteln und mit Zitronensaft beträufeln.
Die Butter mit dem Honig schaumig rühren, nach und nach die Eigelbe dazugeben und cremig aufschlagen. Die Mandeln ohne Fett bei ca. 200 °C 5 Minuten rösten und auskühlen lassen, dann feinblättrig aufschneiden.
Die Hirse mit dem Zimt im elektrischen Schlagwerk pulverisieren. Die Eiweiße steif schlagen und unter die Eigelbmasse ziehen.
Eine Auflaufform mit weicher Butter ausstreichen. Den Backofen auf 200 °C vorheizen.
Die Hirsemasse mit der Schaummasse locker mischen. Die Hälfte der Masse in die Auflaufform geben. Die geschnittenen Äpfel darauf verteilen. Die restliche Hälfte der Schaummasse über die Äpfel geben und glattstreichen. Die blättrigen Mandeln und die mit Zimt pulverisierte Hirse darüberstreuen. Darauf die Butterflocken geben. In ca. 30 Minuten goldgelb backen und warm servieren.

Geeignete Beilagen

Gut gekühlte saure Sahne, verschiedene Kompotte.

Tips

- ▷ Hirse nicht lange kochen, nach dem Aufkochen nur quellen lassen.
- ▷ An Stelle von Äpfeln können auch Pfirsiche verwendet werden.

Vermeidbare Fehler

- ▷ Die geschnittenen Äpfel nicht ohne Zitronensaft stehen lassen, sie werden braun.
- ▷ Den Auflauf nicht länger als nötig backen, sonst wird er trocken.

Müsli – Grundrezept

1 Portion

60 g Getreide (Weizen, Roggen, Dinkel, Hafer, Nacktgerste)
1 mittelgroßer Apfel oder sonstiges Obst
Saft von ½ Zitrone
½ Banane
5–6 Haselnüsse oder Mandeln
2–3 Walnußkerne
1 TL Leinsamen, im Universalzerkleinerer grob gemahlen
1 TL Sonnenblumenkerne
2 EL süße, halbfest geschlagene Sahne

Am Vorabend das Getreide schroten und in einer Glas- oder Porzellanschüssel mit so viel Wasser einweichen und verrühren, bis ein dicker Brei entsteht. Ein Tuch über die Schüssel legen und zugedeckt bis zum nächsten Morgen in den Kühlschrank stellen.
Am nächsten Morgen den Apfel waschen, mit der Schale auf einer Rohkostreibe raffeln und sofort mit Zitronensaft beträufeln. Die Banane der Länge nach halbieren, mit der Gabel zerdrücken und ebenfalls mit Zitronensaft beträufeln. Die Nüsse oder Mandeln in Scheiben schneiden, die Walnüsse hacken, den Leinsamen und die Sonnenblumenkerne dazugeben. Alle diese Zutaten mit zwei Gabeln locker unter den eingeweichten Getreideschrot heben. Die halbfest geschlagene Sahne darüberfließen lassen.

Tips

▷ Den Getreideschrot nur mit Wasser im Kühlschrank aufquellen lassen, damit keine Gärung entsteht.
▷ Halbgeschlagene Sahne verfeinert das Müsli sehr. Für Müsli kann nach Jahreszeit verschiedenes Obst verwendet werden.

Vermeidbare Fehler

▷ Müslischrot nicht mit Joghurt, Sauermilch oder Vollmilch verrühren, da dies Blähungen verursacht.

Dinkelbrei

Für 4 Personen

150 g Dinkel, fein gemahlen
1 l Milch oder Wasser
1 Prise Salz
30 g flüssige Butter
1 EL Honig oder Zucker
1 gestrichener TL Zimt
1 EL gemahlene Mandeln

Das Dinkelmehl mit etwas kalter Flüssigkeit anrühren. Die übrige Flüssigkeit mit der Prise Salz zum Kochen bringen, das angerührte Mehl mit dem Schneebesen gut einrühren und aufkochen lassen. Den Brei von der Herdplatte nehmen und auf 4 Teller verteilen. Die flüssige Butter, Honig oder Zucker, Zimt und Mandeln formschön darauf verteilen und sofort servieren.

Geeignete Beilagen

Frisches, kleingeschnittenes Obst.

Weitere Verwendung

Nicht möglich.

Tips

- ▷ Wird der Brei mit Wasser gekocht, kann je Teller 1 EL saure Sahne dazugegeben werden.
- ▷ Dinkel ist eine der gesündesten Getreidesorten.

Vermeidbare Fehler

- ▷ Keine Zitrusfrüchte verwenden. Die Fruchtsäure verträgt sich nicht mit dem Milchgetreidebrei. Die Milch könnte gerinnen.

Grünkernfrikadellen

Für 4–6 Personen

200 g Grünkern
500 ml Wasser
1 Zwiebel, fein gehackt
2 Lorbeerblätter
1 Ei
50 g Weizenvollkornmehl
1 EL Sojamehl
1 EL Quark
1 TL gekörnte Gemüsebrühe
Semmelbrösel
Fett zum Braten

Den Grünkern mittelfein schroten und in einen Topf geben, mit dem kalten Wasser anrühren. Die Zwiebel und die Lorbeerblätter dazugeben und gut verschlossen 10–15 Minuten vorsichtig kochen, dabei öfter umrühren, da der Brei leicht anbrennt. Die Lorbeerblätter wieder entnehmen. Nach dem Abkühlen das Ei, das Vollkornmehl, Sojamehl, Quark und Gemüsebrühe mit dem Knethaken des elektrischen Rührgerätes beimengen und pikant abschmecken.

Mit angefeuchteten Händen kleine Frikadellen formen, diese in Semmelbrösel wenden und in einer Stielpfanne oder in einem Kontaktgrill bei mittlerer Hitze hellgelb backen.

Geeignete Beilagen

Salate jeglicher Art, kräftige Soßen.

Weitere Verwendung

Die fertigen Frikadellen können auf Vorrat tiefgefroren werden.

Tips

- ▷ Geeignet als Fleischersatz für Vegetarier.
- ▷ Die Teigmasse sollte weich gehalten werden, dadurch werden die Frikadellen saftiger.

Vermeidbare Fehler

- ▷ Wird der Brei zu fest gehalten, werden die Frikadellen trocken.

Kartoffelgerichte

Kartoffelsuppe

Für 4 Personen

1 kg beliebige Kartoffeln
1 Möhre, ¼ Sellerieknolle
1 Stange Lauch
1 Bund frische gemischte Kräuter mit Majoran
1–1½ l Fleischbrühe
50 g fetter Speck, in Würfel geschnitten
1–2 TL Salz
1 Messerspitze Pfeffer
125 ml saure Sahne
1 EL gehackte Petersilie

Die geschälten Kartoffeln in kleine Würfel schneiden. Möhre und Sellerie würfeln und den Lauch in feine Ringe schneiden. Die Kräuter grob hacken. Die Fleischbrühe erhitzen, alles Gemüse dazugeben und weich kochen. Dann die Suppe mit dem Mixstab des elektrischen Handrührgerätes pürieren. Ist die Suppe zu dick, wird noch etwas Fleischbrühe dazugegeben. Inzwischen den Speck goldgelb ausbraten, vorsichtig salzen, pfeffern und in die Suppe geben, mit der sauren Sahne verfeinern. Mit gehackter Petersilie servieren.

Geeignete Beigaben

Verschiedene Brotsorten, Rohrnudeln.

Weitere Verwendung

Aufgewärmt schmeckt Kartoffelsuppe sehr gut.

Tips

▷ Kartoffelsuppe, mit Gemüse und Kräutern gekocht, schmeckt besser.
▷ Kartoffelsuppe soll sämig sein.
▷ Sie kann mit Würstcheneinlage als Hauptgericht gereicht werden.

Vermeidbare Fehler

▷ Speck nicht zu lange anbräunen, er schmeckt sonst bitter.
▷ Dicke Suppen legen sich leicht an. Vorsicht bei Kartoffelsuppe!

Kartoffelauflauf

Für 4 Personen

750 g festkochende Kartoffeln
300 g geräucherter, durchwachsener Schinken
2 große Zwiebeln
1–2 Gewürzgurken
1–2 rote Paprikaschoten

Soße

60 g Butterschmalz
60 g Mehl
⅜ l kalte Fleischbrühe, evtl. gekörnt
300 ml saure Sahne oder Schmand
1 Knoblauchzehe, gepreßt

Butter für die Form

Die Kartoffeln in der Schale kochen, auskühlen lassen und schälen. Je nach Größe in halbe oder ganze feine Scheiben schneiden.
Den Schinken in 3–4 mm breite Streifen und dann in gleich große Würfel schneiden. Die Zwiebeln fein hacken.

Den Schinken mit den Zwiebeln in einer Pfanne leicht anrösten. Die Gewürzgurken und die Paprikaschoten in so große Würfel wie den Schinken schneiden.
Das Butterschmalz in einem Topf erhitzen und das Mehl dazugeben, ganz kurz anschwitzen lassen und von der Herdplatte nehmen. Mit der Fleischbrühe ablöschen und dabei mit dem Schneebesen kräftig durchschlagen. Die saure Sahne und Knoblauch dazugeben.
Eine feuerfeste Form ausbuttern und eine 1 cm dicke Schicht Soße eingießen. Darauf eine Lage Kartoffelscheiben geben und diese mit 2 EL Zwiebel-Schinken-Mischung sowie 2 EL Gurken- und Paprikawürfel bestreuen. Den Vorgang wiederholen und als letztes den Auflauf mit der Soße abdecken. Die Form in den 200 °C vorgeheizten Backofen schieben und ca. 20 Minuten geschlossen backen. Nach 20 Minuten den Deckel abheben und nochmals 5 Minuten überbacken.

Geeignete Beilagen

Verschiedene Blattsalate, Rohkost.

Tip

▷ Für diesen Kartoffelauflauf können Reste aus Salzkartoffeln oder Pellkartoffeln verwendet werden.

Vermeidbare Fehler

▷ Die Soße darf nicht zu dünn sein.

Kartoffelschmarrn

Für 4–6 Personen

1 kg stärkereiche (mehligkochende) Kartoffeln
Salz
150 g Mehl
100–150 g Schweine- oder Butterschmalz

Die in der Schale gekochten Kartoffeln schälen, heiß durchpressen, erkalten lassen. Wenn die Kartoffeln völlig abgekühlt sind, salzen, Mehl zugeben und abbröseln. 100 g Fett in der Bratreine oder Bratpfanne erhitzen, den Kartoffelteig hineingeben und sofort in den auf 220 °C vorgeheizten Backofen schieben. Nach 25 Minuten Backzeit wenden und mit einer Gabel lockern. Nochmals 5 Minuten backen. Den Kartoffelschmarrn herausnehmen und mit der Backschaufel fein zerstoßen. Das restliche Fett erhitzen, über den Kartoffelschmarrn geben und gut verteilen.

Geeignete Beilagen

Sauerkraut, Blattsalate oder Apfelkompott.

Tip

▷ Schweinefett eignet sich sehr gut für Kartoffelspeisen, aber auch andere Fette sind verwendbar.

Vermeidbare Fehler

▷ Kartoffelteige nach dem Durchmischen sofort weiter verarbeiten. Die Kartoffelmasse wird sonst feucht und klebrig, der Schmarrn wird nicht bröselig.

Bratkartoffeln

¾–1 kg festkochende Kartoffeln
30–40 g Butterschmalz
1–2 Zwiebeln, gewürfelt, Salz

Die Kartoffeln in der Schale ca. ½–¾ Stunde dämpfen, mit kaltem Wasser überbrausen und schälen, gut auskühlen lassen. Die erkalteten Kartoffeln halbieren und in ⅛ oder 1/16 Stücke schneiden. Das Butterschmalz erhitzen, die Kartoffelstückchen rasch anbraten und die Zwiebelwürfel dazugeben. Die Kartoffeln gut durchheben und weiterbraten, bis die Zwiebelwürfel goldbraun und die Kartoffelstücke heiß sind. Salzen und servieren.

Verwendung

Beilage zu Berliner Leber, Leberkäse und Spinat, Preßsack oder Sülze, Geschnetzeltem, Koteletts, Würstchen.

Weitere Verwendung

Nicht gut möglich.

Tips

▷ Werden die Kartroffeln nach dem Dämpfen mit kaltem Wasser überbraust, kann man sie besser anfassen, die Schale löst sich leichter.
▷ Bratkartoffeln können sehr gut von kalten, vorgekochten Kartoffeln hergestellt werden.

Vermeidbare Fehler

▷ Zu frisch gekochte Kartoffeln kleben beim Braten und schmieren.
▷ Zwiebel nicht als erstes ins Fett geben, sie wird schwarz, bevor die Kartoffeln gar gebraten sind.

Folienkartoffeln

Für 4–6 Personen

Ca. 8 mehligkochende Kartoffeln
Alufolie
Öl zum Bestreichen

Gleichmäßig große Kartoffeln aussuchen, gründlich waschen und mit Küchenkrepp abtrocknen. Die Alufolie in genügend große, passende Stücke schneiden und innen mit etwas Öl bestreichen. Die Kartoffeln darin einwickeln. In den auf 220–250 °C vorgeheizten Backofen geben und 45–60 Minuten backen.

Geeignete Beigaben

Verschiedene Kräuterquarks, mit Kräuter-Crème-fraîche angemachter Frischkäse, Butter, Salz und Pfeffer, Preiselbeeren.

Weitere Verwendung

Nicht gut möglich.

Tips

▷ Nach dem Backen Folie entfernen und die Kartoffeln oben kreuzweise einschneiden.
▷ Die Kartoffeln aufdrücken und in der Mitte mit etwas Soße oder Quark füllen.

Vermeidbare Fehler

▷ Bei zuwenig Hitze wird der Geschmack der Kartoffeln nicht so herzhaft.

Auf Obstplantagen kann nach Belieben selbst gepflückt und in großen Mengen gekauft werden.

Edelobst

Einkaufen
auf dem
Bauernhof

Ofenkartoffeln

Für 4 Personen

8–10 mittelgroße Kratoffeln

Den Backofen auf 250 °C vorheizen. Die Kartoffeln waschen, auf der Oberseite ein Kreuz einritzen und auf ein Backblech legen. In den heißen Backofen schieben, ca. 1 Stunde braten.

Verwendung

Zu saurer Milchsuppe, gegrillten Koteletts, als eigenes Gericht mit Butter.

Tip

▷ Die Kartoffeln durchschneiden und mit dem Löffel aushöhlen.

Vermeidbare Fehler

▷ Keine zu großen Kartoffeln wählen.

Reibeknödel Kartoffelklöße

Für 4 Personen

1½ kg mehligkochende Kartoffeln
leichtes Essigwasser
¼–⅜ l Milch, Salz
150–200 g Grieß
20–30 g Butterschmalz
1–2 alte Brötchen, gewürfelt
30-40 g Salz

Die Kartoffeln schälen, auf einer feinen Reibe oder mit dem Reibesatz der elektrischen Küchenmaschine reiben und in leichtem Essigwasser die Stärke absetzen lassen. Inzwischen die Milch zum Kochen bringen, salzen und den Grieß einstreuen. Einen dicken Grießbrei kochen, diesen auskühlen lassen. Die geriebenen Kartoffeln in einem porösen Säckchen auspressen. Das Essigwasser abgießen und die abgesetzte Stärke zu den gepreßten Kartoffeln geben. Die Kartoffelmasse und den Grießbrei gut zu einem Knödelteig verkneten. Das Butterschmalz erhitzen und die Brötchenwürfel darin rösten.
Vom Teig Knödelportionen abstechen, in die Mitte zwei Brötchenwürfel drücken und mit angefeuchteten Händen zu Knödeln formen. In reichlich gesalzenes, kochendes Wasser einlegen und im offenen Topf leise köcheln lassen, bis die Knödel leicht an der Oberfläche schwimmen.

Verwendung

Beilage zu Schweinebraten, Entenbraten, Gänsebraten, Schweinshaxe.

Tips

▷ Mit Grießbrei gemischt, sind die Knödel schneller herzustellen als mit einem Teil gekochter Kartoffeln.

▷ Schwefeln der Kartoffeln ist ungesund, lieber auf die weiße Farbe der Knödel verzichten.

Vermeidbare Fehler

▷ Die Knödel nicht zu lange und nicht zugedeckt kochen, sie werden immer kleiner.

▷ Frische, junge Frühkartoffeln sind ungeeignet.

◁

Auch selbst zubereitete Produkte wie Marmeladen, Senf, Nudeln, Müslimischungen oder Likör können im Landkostladen direkt beim Bauern eingekauft werden.

Kartoffelpuffer, Reiberdatschi

Für 4–6 Personen

1½ kg stärkereiche (mehligkochende) Kartoffeln
2 Eier, Salz
200 ml saure Sahne
150–200 g Schweine- oder Butterschmalz

Die geschälten Kartoffeln auf einer Rohkostreibe rasch reiben. Eier, Salz und saure Sahne sofort untermengen. Ungefähr 50 g Fett in einer Stielpfanne erhitzen. Eßlöffelgroße Portionen der rohen Masse einlegen und mit einer Backschaufel flachdrücken. Wenn die Puffer goldbraune Ränder zeigen, wenden und knusprig backen. Bei jedem weiteren Backvorgang neues Fett verwenden.

Geeignete Beilagen

Apfelkompott, Kopfsalat, Sauerkraut.

Tips

- ▷ Frühkartoffeln haben einen höheren Wassergehalt. Bei deren Verwendung sollte etwas Wasser abgepreßt werden.
- ▷ Unter die rohe Masse gemischte angeröstete Speckwürfel oder gehackte, glasig gedämpfte Zwiebeln geben einen deftigen Geschmack.

Vermeidbare Fehler

- ▷ Die fertige Masse nicht zu lange stehen lassen, sie bekommt sonst eine bräunliche Farbe.
- ▷ Das Fett beim Backen wirklich stark erhitzen, damit die Puffer das Backfett nicht aufnehmen und dadurch leichter verdaulich sind.

Gemüsegerichte und Salate

Süßsaure Schmankerlgurken

5 kg mittelgroße Gewürzgurken, ca. 4 cm Ø
Salz
6 EL Einmachgewürzkörner
6 Einmachgläser (1 l)
80–100 g Zucker
ca. 1½ l Gurkenessigsud oder fertiger Gurkenessigaufguß

Die Gurken mit der Gemüsebürste sauber waschen, schälen und in 1 cm dicke Scheiben schneiden. Die Gurken leicht salzen, gut durchmischen und über Nacht stehen lassen. Am nächsten Morgen abseihen, auf ein trockenes, sauberes Tuch geben und damit abtupfen.
Das Einmachgewürz auf den Boden der peinlichst sauberen Weckgläser geben. Die Gurkenscheiben einschichten und mit dem gezuckerten Essigsud übergießen, so daß die Gurken 1 cm hoch mit Flüssigkeit überdeckt sind. Die Gurken 20–30 Minuten bei 80–85 °C sterilisieren, bis der Sud perlt, dann ausschalten.

Verwendung

Zu kalten Braten, Wurst- und Kartoffelsalat, zum Untermengen.

Tips

- ▷ 1 Peperoni ins Weckglas geben, die Schmankerlgurken schmecken pikanter.

▷ Das Einmachgewürz, auf den Boden gelegt, vermeidet beim Essen das lästige Auslesen der Gewürzkörner.
▷ Durch das Einsalzen der Gurken über Nacht passen mehr Gurkenscheiben in ein Glas. Sie sparen dadurch Essigsud und Gewürze ein.

Vermeidbare Fehler

▷ Zu hohe Temperatur beim Einkochen ergibt matschige Gurken.
▷ Die Einmachgläser und Hilfsmittel müssen absolut fettfrei sein.

Linseneintopf

Für 4–6 Personen

125 g Linsen
½ l Wasser
Salz
125 g Zwiebel
100 g Möhren
125 g Seiten- oder Räucherspeck
250 g Fleisch
250 g festkochende Kartoffeln
50 g Butterschmalz
1 Lorbeerblatt
1–2 EL Essig, nach Belieben
ca. ¾ l Fleischbrühe
2 EL Ketchup
Salz und Pfeffer

Die Linsen über Nacht in Salzwasser einweichen, am nächsten Tag ca. ½ Stunde leise kochen und beiseite stellen. Die Zwiebel in Würfel schneiden. Die Möhren mit der Gemüsebürste gut waschen und in ca. 3 mm breite Scheiben, den Speck in ½ cm dicke und bis 3 cm lange Streifen schneiden. Das Fleisch in 1–2 cm, die Kartoffeln in 2 cm große Würfel schneiden.
Das Butterschmalz in einen weiten Topf geben und erhitzen. Die Zwiebel leicht andünsten, den Speck und das Fleisch dazugeben und kurz anbraten. Möhren- und Kartoffelwürfel, das Lorbeerblatt und den Essig dazugeben. Mit der Fleischbrühe aufgießen, ca. ¾ Stunde leise kochen lassen und die Linsen dazugeben. Nochmals alles zusammen ¼ Stunde köcheln lassen, mit Ketchup und evtl. mit Salz und Pfeffer abschmecken.

Geeignete Beilagen

Brötchen oder Graubrot.

Weitere Verwendung

Als Fertiggericht zum Tiefgefrieren geeignet.

Tips

▷ Eintopfgerichte schmecken aufgewärmt noch besser als frisch.
▷ Das Fleisch kann nur vom Schwein, nur vom Rind oder gemischt verwendet werden.
▷ Anstelle von Fleisch können auch Wiener Würstchen, in 2 cm große Stückchen geschnitten (ganz zum Schluß zugegeben, damit sie nicht platzen), dazugegeben werden.
▷ Linsen in Salzwasser einweichen, das Wasser ist entspannt, die Linsen saugen besser auf.

Vermeidbare Fehler

▷ Rohe Linsen nicht im Eintopf mitkochen. Sie werden in der dicken Suppe nicht gar.
▷ Den Eintopf auf kleiner Hitze kochen, damit er nicht anbrennt.

Gemüseauflauf

Für 4 Personen

1 kg Gemüse (Blumenkohl, Lauch oder Brokkoli)
½–1 TL Salz
300 g Schinken

Soße

60 g Butterschmalz oder Margarine
80 g Mehl
¼ l Fleischbrühe
200 ml saure Sahne
100 g Schmelzkäse
Salz
1 Prise weißer Pfeffer
1 Prise Zucker
1 Knoblauchzehe, gepreßt

20 g Butter für die Form
50 g Emmentaler, gerieben

Den Blumenkohl oder Brokkoli in Röschen teilen, waschen, in Salzwasser kernig kochen und in einem Sieb abtropfen lassen. Bei Verwendung von Lauch: Den Lauch gründlich waschen, die Stangen in der Mitte längs durchschneiden und halbe Ringe (½ cm breit) schneiden. Bei Zubereitung von ganzen Lauchstangen muß dieser in Salzwasser kernig vorgekocht werden. Den Schinken in 1x5 cm lange Streifen schneiden.
Das Butterschmalz erhitzen, das Mehl dazugeben, ganz kurz anschwitzen lassen und von der Herdplatte nehmen. Mit abgekühlter Fleischbrühe aufgießen und mit einem Schneebesen kräftig durchschlagen, bis eine dickcremige Soße entsteht. Die saure Sahne und den Schmelzkäse dazugeben, salzen, pfeffern, zuckern und mit Knoblauch kräftig abschmecken.
Eine feuerfeste Form ausbuttern, lagenweise Gemüse, Schinken und Soße einschichten. Die letzte Schicht ist Soße und wird mit Emmentaler überstreut. Den Gemüseauflauf in den auf 170 °C vorgeheizten Backofen schieben. Ca. 20 Minuten in der geschlossenen Form goldgelb backen und sofort servieren.

Geeignete Beilagen

Salzkartoffel, verschiedene Blattsalate.

Tip

▷ Der Auflauf kann ungebacken sehr gut einige Stunden vor Bedarf vorbereitet werden.

Vermeidbare Fehler

▷ Gemüse gut abtropfen lassen, damit die Soße durch den Gemüsesaft nicht verdünnt wird.
▷ Nicht ohne Deckel backen, da sonst der geriebene Käse zu hart wird.

Grünkohl mit Sahnesoße

Für 4 Personen

1 kg Grünkohl
wenig (ca. ½ l) Wasser zum Kochen
Salz

Soße

4 EL Butter
3 EL Mehl
⅛ l Milch
200 ml süße Sahne
1 Messerspitze Pfeffer

Die Grünkohlblätter von den harten Stielen abschneiden, waschen und mit dem Messer in ca. 3 cm lange Stücke hacken. In bereits kochendes Salzwasser geben und bei milder Hitze 20–30 Minuten dünsten. Den Kohl in einem Sieb gut abtropfen lassen.
Die Butter in einem Topf zerlassen, das Mehl dazugeben und hellgelb anschwitzen. Milch und Sahne dazugeben, von der Herdplatte nehmen und die Soße mit dem Schneebesen kräftig abschlagen, bis sie glatt und sämig ist, Den Grünkohl unter die Soße heben, salzen, pfeffern und nochmals ganz kurz aufkochen lassen.

Verwendung

Zu Butterkartoffeln, Folienkartoffeln, als Beilage zu Fleischgerichten ohne Soße.

Tips

▷ Der bittere Geschmack des Grünkohls verschwindet durch Gefrieren des rohen Kohls im Freien oder in der Tiefkühltruhe.

▷ Grünkohl nicht wieder aufkochen, er bekommt dabei eine unansehnliche Farbe.

Vermeidbare Fehler

▷ Grünkohl ohne Deckel nur so lange wie nötig kochen, damit er keine bräunliche Farbe bekommt.

Salatmarinade

Für 4 Personen

2 EL Essig
1 TL Kräutersalz
1 EL Zucker
1 EL Salatkräuter, fein gehackt
1 Knoblauchzehe, gepreßt
1 Zwiebel, fein gehackt
1 EL Öl

Essig, Kräutersalz und Zucker mit einem Schneebesen verrühren, bis sich Salz und Zucker aufgelöst haben. Salatkräuter, Knoblauch und Zwiebel einrühren, zuletzt das Öl zugeben. Einige Stunden durchziehen lassen. Erst kurz vor dem Servieren den Salat anmachen.

Verwendung

Zu allen Blattsalaten.

Tips

▷ Diese Marinade schmeckt am besten, wenn sie mindestens 1 Tag im Kühlschrank steht.

▷ Sie kann 4–5 Tage auf Vorrat zubereitet werden, der Geschmack der Kräuter kommt besser zum Vorschein.

▷ Wenig Marinade verwenden, da kein Wasser dabei ist.

Vermeidbare Fehler

▷ Kopfsalat fällt schnell zusammen, wenn er zu früh angemacht wird.

Rote-Bete-Rohkost

Für 4 Personen

1 mittelgroße Rote Bete
2 kleine, säuerliche Äpfel
2 EL Essig oder Zitronensaft
2 EL Zucker
1 TL Salz
1–2 EL Öl

Die Rote Bete und die Äpfel auf der Rohkostreibe fein stifteln. Den Essig oder Zitronensaft, Zucker und Salz dazugeben und mit zwei Gabeln gut durchheben. Zum Schluß das Öl dazugeben und sofort servieren, damit der Salat knackig frisch zu Tisch kommt.

Verwendung

Zu Fleischgerichten, als Vorspeise oder für Salatplatten.

Tips

▷ Rohkost sollte nicht matschig sein, sondern locker.
▷ Frisches Gemüse verwenden.

Vermeidbare Fehler

▷ Rohkost nicht lange herumstehen lassen.

Möhrenrohkost

Für 4 Personen

4 mittelgroße Möhren
1 großer, säuerlicher Apfel
Saft von 1 Zitrone
1 EL Öl
1 gestrichener EL Zucker oder Honig
½ TL Salz
20 g Haselnüsse, gehackt

Die Möhren schälen und auf der Rohkostreibe raspeln. Den gewaschenen, ungeschälten Apfel ebenfalls raspeln, mit Zitronensaft beträufeln und unter die Möhren heben. Öl, Zucker, Salz und die Haselnüsse unterheben, abschmecken und sofort servieren.

Verwendung

Zu Salatplatten, zu Fleischgerichten, als Vorspeise, als Zwischenmahlzeit.

Tip

▷ Die Äpfel werden nicht braun, wenn sie sofort mit Zitronensaft beträufelt werden.

Vermeidbare Fehler

▷ Erst unmittelbar vor dem Verzehr zubereiten.

Sellerierohkost

Für 4 Personen

1 mittelgroße Sellerieknolle
1 Becher Joghurt
Saft von ½ Zitrone
1 EL Öl
½ TL Salz
1 TL Zucker

Die Sellerieknolle schälen und auf der Rohkostreibe fein raspeln oder stifteln. Den Joghurt mit dem Zitronensaft, Öl, Salz und Zucker mit dem Schneebesen gut abschlagen und mit zwei Gabeln unter den gestiftelten Sellerie heben. Sofort servieren.

Verwendung

Zu Fleischgerichten, Salatplatten, als Vorspeise.

Tip

▷ Sellerie beim Raspeln mit etwas Zitronensaft mischen, damit er nicht braun und unansehnlich wird.

Vermeidbare Fehler

▷ Keinen welken Sellerie verwenden, denn Rohkost sollte immer frisch sein.

Krautsalat

400 g Weißkraut (Weißkohl)
Salz
100 g durchwachsener Räucherspeck
ca. 125 ml süße Sahne
Saft von ½ Zitrone
½ TL Kümmel, gehackt

Das Weißkraut waschen, halbieren und fein hobeln oder schneiden. In einer Schüssel mit etwas Salz bestreuen und gut durchmischen, mit den Fäusten kurz einstampfen.
Den Räucherspeck in ca. ½ cm große Würfel schneiden, abrösten und warm stellen. Die Sahne, den Zitronensaft und etwas Salz mit dem Schneebesen zu einer Marinade abschlagen und zum Kraut geben. Zuletzt, kurz vor dem Servieren, die Speckwürfel und den Kümmel unterheben.

Verwendung

Zu Fleischgerichten oder für die Rohkostplatte.

Tip

▷ Dieser Krautsalat sollte erst kurz vor dem Verzehr zubereitet werden.

Vermeidbare Fehler

▷ Nach der Zubereitung nicht lange stehen lassen, der Krautsalat wird schmierig.

Konfitüren und Obstspeisen

Zwetschgenmarmelade

1 kg Zwetschgen oder Pflaumen, entsteint gewogen
1 kg Gelierzucker
2 cl Slivowitz oder Zwetschgenwasser

Die Zwetschgen waschen, abtropfen lassen, entsteinen und mit dem Mixstab des Handrührgerätes gründlich zerkleinern. Mit dem Gelierzucker vermischen und zum Kochen bringen. 4–5 Minuten unter ständigem Rühren sprudelnd kochen. Nach Belieben Slivowitz dazugeben. In peinlich saubere, trockene, angewärmte Gläser füllen und mit Schraubdeckel oder Zellophan verschließen. Gläser mit Schraubdeckel auf den Kopf stellen, bis die Marmelade kalt ist.

Tips

▷ Die Gläser mit der Öffnung nach unten auf einem Kuchengitter im 50 °C vorgeheizten Backofen trocknen und vorwärmen.
▷ Die Gläser bis zum Rand füllen, damit kein Sauerstoff zur Marmelade kommt; verhindert Schimmelbildung.
▷ Kleine Mengen Marmelade kochen, die Farbe bleibt durch die kürzere Kochzeit schöner erhalten.

Vermeidbare Fehler

▷ Ganze Früchte nicht zu kurze Zeit kochen.
▷ Fett an Töpfen, Besteck oder Gläsern verursacht Schimmelbildung.

Mehrfruchtmarmelade aus tiefgekühlten Früchten

500 g Erdbeeren
125 g Himbeeren
125 g Rhabarber
250 g Johannisbeersaft oder -mark, ungezuckert
1 kg Gelierzucker
2 cl Kirschwasser

Die Früchte antauen lassen und mit dem Saft und dem Gelierzucker gut durchmischen. Die Hälfte der Menge in einem weiten Tiegel zum Kochen bringen und 4 Minuten unter ständigem Rühren sprudelnd kochen. Ganz zuletzt 1 cl Kirschwasser dazugeben. Die zweite Portion ebenso kochen. Die gesamte Marmelade in peinlichst sauber gespülte Gläser füllen. Die Deckel aufschrauben und die Gläser auf den Kopf stellen, bis sie kalt sind.

Tips

▷ Diese Marmelade kann auch mit Kristallzucker hergestellt werden. Das Kirschwasser sollte bei Familien mit Kindern weggelassen werden.
▷ Marmelade kocht am kürzesten, wenn sie nur in 500-g-Portion gekocht wird. Die Farbe bleibt natürlicher.

Vermeidbare Fehler

▷ Marmelade kann schnell anbrennen, wenn nicht fleißig gerührt wird.
▷ Zu kalt eingefüllt, kann sie leichter schimmelig werden.

Apfelküchlein

Für 4 Personen

4–6 mittlere Äpfel (säuerliche Sorten wie Boskop, Cox Orange, Gloster, Granny Smith)
Saft von ½ Zitrone
2 cl Rum
30–50 g Zucker
1 Päckchen Vanillinzucker

Teig

100 g Mehl
125 ml Weißwein
10 g Hefe
2 Eigelb
1 Prise Salz
2 Eiweiß

Butterschmalz oder gutes Öl zum Ausbacken
100 g Zucker
1 TL Zimt

Die Äpfel schälen und das Kernhaus mit einem Kernhausausstecher entfernen. Die Äpfel in 1 cm dicke Scheiben schneiden, so daß das Ausstechloch in der Mitte ist. Die Apfelscheiben in eine Schüssel geben und mit Zitronensaft beträufeln. Den Rum mit Zucker und Vanillinzucker zu den Scheiben geben, vorsichtig durchmischen und mindestens 15 Minuten marinieren. Das Mehl in eine Schüssel geben. Weißwein, Hefe, Eigelb und Salz dazugeben und mit dem Knethaken des elektrischen Rührgerätes zu einem cremigen Teig rühren. Die Eiweiße steif schlagen und unterziehen. Das Fett in einem weiten, nicht zu flachen Tiegel erhitzen. Mit einer Gabel die Apfelscheiben in den Teig tunken und in das Ausbackfett legen. Die Unterseite goldgelb backen. Die Küchlein mit zwei Gabeln wenden und die Oberseite backen. Mit einem Seihlöffel aus dem Fett nehmen und auf einem mit Zeitungspapier unterlegten Kuchengitter abtropfen lassen. Die Apfelküchlein noch heiß in Zimtzukker wenden und am besten sofort servieren.

Verwendung

Als Nachtisch, am besten mit Vanillesoße oder einer leicht säuerlichen Fruchtsoße. Apfelküchlein können sehr gut tiefgefroren oder auch als Kaffeegebäck gereicht werden.

Tips

▷ Die Apfelscheiben werden, mit Zitronensaft beträufelt, nicht braun.
▷ Das Backfett sollte nur 10 cm hoch im Topf sein. Mit einem trockenen Kochlöffelstiel die Hitze des Fettes prüfen: Perlt das Fett um den Stiel, ist die Temperatur richtig.

Vermeidbare Fehler

▷ Keine süßen Apfelsorten verwenden, da die Küchlein sonst fade schmecken.
▷ Die Apfelküchlein müssen langsam backen, damit die Apfelscheiben weich werden können.
▷ Niemals während des Backvorganges den Herd unbeaufsichtigt lassen (Brandgefahr!).

Pflaumen- oder Zwetschgenmus

Für 4–6 Personen

750 g Pflaumen oder Zwetschgen
125 ml Wasser
Saft von 1 Zitrone
30–60 g Zucker
etwas Stangenzimt
evtl. etwas steifgeschlagene Sahne

Die Früchte waschen, halbieren und entsteinen. Das Wasser zum Kochen bringen, Zitronensaft, Zucker und Stangenzimt dazugeben. Die Früchte in den Sud geben und bei gleichmäßiger Hitze zugedeckt in ca. 10 Minuten gar kochen. Das heiße Kompott in ein Passiergerät geben, in eine Schüssel passieren und abschmecken. Das Mus gut kühl stellen und erkaltet in Portionsschälchen geben. Vor dem Servieren evtl. mit Sahne garnieren.

Verwendung

Als Nachtisch oder als Beilage für Mehlspeisen.

Tips

- ▷ Bei Pflaumen beim Kochen weniger Wasser zugeben als bei Zwetschgen, da Pflaumen wasserhaltiger sind.
- ▷ Wer die Pflaumenhaut mitessen möchte, sollte das Mus mit dem Mixstab des Handrührgerätes herstellen.

Vermeidbare Fehler

- ▷ Die Früchte nicht länger als nötig kochen, die Fruchtfarbe geht sonst verloren.

Fruchtsülze

Für 4 Personen

Aus welchen Früchten

Erdbeeren, Himbeeren, Johannisbeeren, Stachelbeeren, Kirschen, Sauerkirschen, Rhabarber, Aprikosen oder Pfirsiche

375 g Früchte nach Wahl
¼ l Wasser
80–150 g Zucker
Saft von 1 Zitrone
¼ l Kompottsaft
3 EL Weißwein
6–8 Blatt Gelatine
evtl. ⅛–¼ l Sahne, steif geschlagen

Die Früchte waschen (Aprikosen und Pfirsiche häuten), mit Wasser, Zucker und Zitronensaft leise zu Kompott kochen. Die Früchte aus dem Sud nehmen, in einem Sieb abtropfen und gut auskühlen lassen. ¼ l Kompottsaft abmessen, mit Weißwein abschmecken und kalt stellen.
Die Gelatine nach Vorschrift auflösen, lauwarm unter den erkalteten Saft geben, kalt stellen und steifen lassen. Sobald die Flüssigkeit leicht geliert, nach Belieben die geschlagene Sahne unterheben und die kalten Früchte locker unterziehen. In Portionsschälchen füllen und kalt stellen. Nach Belieben mit kleinen Sahnetupfern und Früchten verzieren.

Verwendung

Als erfrischender Nachtisch.

Tips

- ▷ Die Früchte können auch gemischt verwendet werden.
- ▷ Für die Sülze sind auch Konservenfrüchte gut geeignet.
- ▷ Aprikosen und Pfirsiche lassen sich durch Eintauchen in sehr heißem Wasser leicht häuten.
- ▷ Soll die Sülze klar bleiben, auf die Sahne verzichten!

Vermeidbare Fehler

Die Früchte nicht mit dem Saft ansteifen lassen, da sie sonst beim Unterrühren der Sahne zerrührt werden, oder sich im Portionsschälchen nach unten absetzen.

Fruchtgrütze

Für 4–6 Personen

Aus welchen Früchten

Erdbeeren, Himbeeren, Johannisbeeren, rot oder schwarz (evtl. auch gemischt), Aprikosen, Sauerkirschen, Rhabarber

400 g Früchte nach Wahl
¼ l Wasser
etwas Zitronensaft
100–150 g Zucker
2 EL Weißwein
40–60 g Speisestärke
2 EL Wasser
oder 80–100 g Grieß

Die Früchte waschen und mit dem Wasser, Zitronensaft, Zucker und Weißwein ca. 10 Minuten leise zu Kompott kochen. Die Speisestärke mit dem Wasser anrühren, einrühren und vorsichtig aufkochen lassen. Bei Verwendung von Grieß wird dieser unter Rühren in das Kompott eingestreut und ca. 3–5 Minuten gekocht. Die Fruchtgrütze in mit kaltem Wasser ausgespülte Portionsschälchen füllen und kalt stellen.

Verwendung

Als Nachtisch oder als Hauptgericht an heißen Sommertagen.

Tips

- ▷ Zur Fruchtgrütze eignet sich als Beilage sehr gut Vanillemilch oder Sahne oder Vanillesoße.
- ▷ Die Grütze kann auch aus Obstsaft hergestellt werden.
- ▷ Wer die Grütze stürzen möchte, sollte die Menge an Speisestärke oder Grieß etwas erhöhen.

Vermeidbare Fehler

- ▷ Fruchtgrütze schmeckt fade, wenn sie nicht gut gekühlt serviert wird.
- ▷ Fruchtsäfte brennen leicht an, deshalb ständig umrühren.

Apfelschnee roh

Für 4 Personen

100 ml süße Sahne
2 große, säuerliche Äpfel (Gloster, Boskop, Cox Orange)
Saft von 1 Zitrone, 30 g Zucker

Die Sahne steif schlagen. Die Äpfel waschen, nach Belieben schälen, auf einer Rohkostreibe raspeln, mit dem Zitronensaft beträufeln und zuckern. Die Sahne locker unterheben, in Schälchen füllen und servieren.

Verwendung

Als Nachtisch oder Zwischenmahlzeit.

Tips

- ▷ Durch das Beträufeln der geriebenen Äpfel mit Zitronensaft bleibt die Farbe schön frisch.
- ▷ Diesen Nachtisch ganz rasch und erst kurz vor dem Servieren zubereiten.

Vermeidbare Fehler

- ▷ Keine süßen Äpfelsorten verwenden. Die Speise schmeckt sonst fade.

Birnenkompott

Für 4 Personen

500 g Birnen
Saft von 1 Zitrone
⅛ l leichter Weißwein
⅛ l Wasser
80–100 g Zucker
½ Stange Zimt

Die Birnen schälen, halbieren, mit einer Teelöffelspitze kreisförmig das Kernhaus entfernen und längs in Viertel schneiden. Sofort mit dem Zitronensaft beträufeln. Den Weißwein und das Wasser mit dem Zucker und der Zimtstange zum Kochen bringen. Die Birnen dazugeben und in ca. 5–10 Minuten zugedeckt weich kochen. Das Kompott in eine Schüssel geben, die Zimtstange entfernen und auskühlen lassen.

Verwendung

Als Nachtisch ohne Saft als Kuchenbelag.

Tips

- ▷ Durch das Beträufeln der geschnittenen Birnenhälften mit Zitronensaft werden die Birnen im Kompott nicht braun.
- ▷ Reduziert man die Birnenmenge zur Hälfte und ersetzt die andere Hälfte zu je ¼ durch Holunderbeeren und Zwetschgen (halbiert und entsteint), so bekommt man ein wohlschmeckendes, gemischtes Holunderkompott.
- ▷ Säuerliche Birnen mehr süßen als süße Birnen.
- ▷ Wird das Kompott als Dessert verwendet, frühzeitig zum Kochen aufsetzen, damit es auskühlen kann.

Vermeidbare Fehler

- ▷ Geschälte Birnen nicht zu lange stehen lassen.
- ▷ Das Kompott nicht zu weich kochen.

Einkauf auf dem Bauernhof

Anschriften der Direktvermarkter sind erhältlich über:

Bundesrepublik Deutschland

Badischer Landwirtschaftlicher Hauptverband e. V.
Friedrichstraße 41
7800 Freiburg i. Br.
Tel. (0761) 2 71 33-0

Landesbauernverband in Baden-Württemberg
Bopserstraße 17
7000 Stuttgart 1
Tel. (0711) 21 40-0

Bayerischer Bauernverband
Max-Joseph-Straße 9
8000 München 2
Tel. (089) 55 87 30

Für die Bundesländer Rheinland-Pfalz, Hessen, Nordrhein-Westfalen und Schleswig-Holstein sind die Anschriften-Verzeichnisse erhältlich beim Landschriften-Verlag
Heerstraße 73
5300 Bonn 1
Tel. (0228) 63 12 84

Für Niedersachsen gibt es derzeit noch kein entsprechendes Verzeichnis.

Österreich

Burgenländische Landwirtschaftskammer
Esterhazystraße 15
7001 Eisenstadt

Kammer für Land- und Forstwirtschaft Kärnten
Museumstraße 5
9010 Klagenfurt

Kammer für Land- und Forstwirtschaft in Salzburg
Schwarzstraße 19
5024 Salzburg

Landeskammer für Land- und Forstwirtschaft Steiermark
Hamerlinggasse 3
8011 Graz

Niederösterreichische Landwirtschaftskammer
Löwelstraße 16
1014 Wien

Schweiz

Schweizerische Vereinigung der Ammen- und Mutterkuhhalter (SVAMH)
Postfach 184
5200 Brugg

Schweizerische Vereinigung der Hirschhalter (SVH)
Geschäftsstelle
c/o Landwirtschaftliche Beratungszentrale
8315 Lindau/ZH

Vereinigung schweizerischer biologischer Landbauorganisationen (VSBLO)
Postraße 8
8583 Sulgen

Schweizerische Milchschaftzucht-Genossenschaft
Frau R. Hunziker
Willadingerstraße 39
4565 Recherswil

Informationen über die Direktvermarktung und spezielle Produkte sind erhältlich über:

AID, Auswertungs- und Informationsdienst für Ernährung, Landwirtschaft und Forsten e. V.
Postfach 20 01 53
5300 Bonn 2

An diesem Zeichen können Sie Direktvermarkter erkennen.

Sachregister

Rezeptregister